並木敏成の This is バスルアー

World Bass Manual

18ジャンルの使いこなしマニュアル

つり人社

①池原ダムでわずか15分のあいだにロクマル＋57cm＋45cmを連発した思い出のルアー。雨で水量が増えたタイミングだった（タイフーン）　②韓国のとある湖でテレビのロケをした際、誇張なしで150尾ぐらいヒット。数釣りには定評のあるフィールドだったが、バズベイトで55cmオーバーが出たのには現地のアングラーも驚愕（0.2ビート）　③2010年9月、韓国のトーナメントに参加。準優勝に貢献したアイテム（ブリッツMAXDR）　④これは……忘れちゃった（笑）。強烈なローリングマークと歯型は、この個体を使い倒して何尾も掛けた証拠（ブリッツMR）　⑤池原ダムでロクマルを釣った思い出深いルアー。その際の模様はYouTubeで視聴できるぞ "並木敏成「ヤマトJr.」で64cmを捕獲"（ヤマトJr.）　⑥2011年、早春の相模湖で52cmをキャッチ。バサーの表紙を飾った

⑦DVDアルティメット（＝内外出版社）のロケで合川ダムへ。普段はクリア気味だけど前夜の雨で濁流に。ほかのレンタルが流れの弱い筋に逃げ込むなか、ボクだけ激流のなかで入れ食い（ブリッツMAX）⑧紀伊半島のリザーバーで58.5ｃｍをキャッチ。動画も撮っていて、近日公開予定（アイウェーバー）⑨ラバージグで何尾も釣ると、ヘッドよりもブラシガードがどんどん傷だらけになる。それがカッコいい……と感じるボクは変態か？（ゼロワンジグ・ストロング）⑩2003年ごろのプロトタイプ。ウィーラーレイクのディケーターフラットでテストを繰り返した記憶がある（HPFクランク）⑪芦ノ湖で59cm・4020ｇを筆頭に、ヤマトとヤマトjr.だけで15尾ほど釣れた楽しい1日の記憶が詰まっている。いまはなきバスワールド誌の取材だった（ヤマトO.S.P）

HPシャッドテール3.1in / ドライブクローラー 3.5in

2016年8月5日、相模湖。

ドライブカーリー 4.5in / ブレーテッドジグ3/8oz+ドライブスティック4.5in

並木敏成のヒットルアーは、

ドライブシュリンプ3in / ドライブスティック4.5in

10種類だった。

この事実から、ふたつの結論を導き出すことができる。
ひとつはバスプロ・並木の類まれなバーサタイルっぷり。
フィネスからハードベイトまで、多彩なルアージャンルを高次元に使いこなし
しかも結果にコミットする稀有な存在であること。
もうひとつ見逃せないのは、
同じ日の同じフィールドにおいても「正解はひとつではない」という発見だ。
バスルアーにはさまざまな可能性があって、選り好みするのはもったいない。
その扉を開いたアングラーにだけ見える景色があるはずだ。
ところで……、同じ事実からはまた別の興味が浮かび上がる。
どうすれば並木敏成のように「バスルアー」を使いこなせるのか？
その答えのひとつが、ここにある。

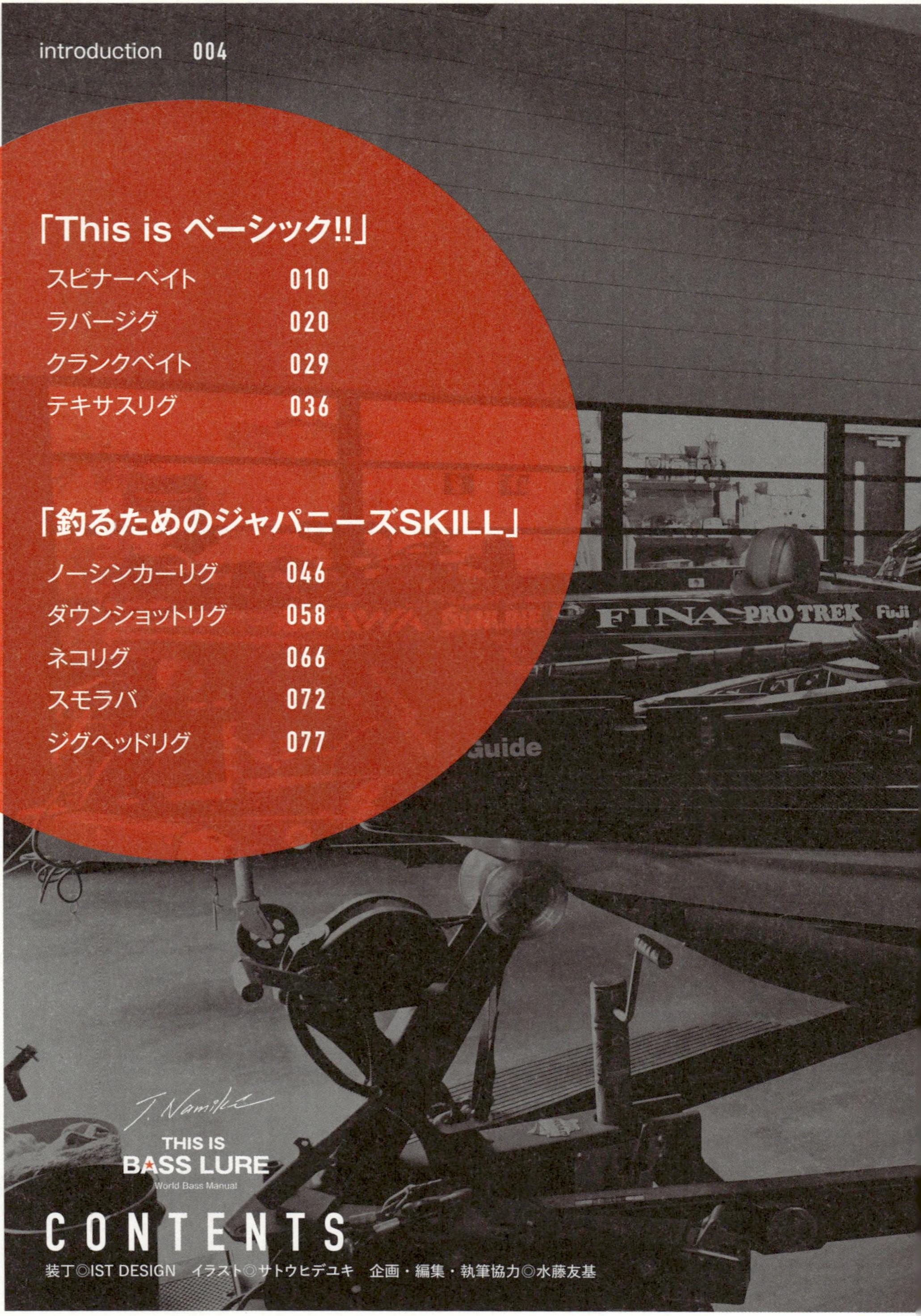

introduction 004

「This is ベーシック!!」

スピナーベイト　　　　010
ラバージグ　　　　　　020
クランクベイト　　　　029
テキサスリグ　　　　　036

「釣るためのジャパニーズSKILL」

ノーシンカーリグ　　　046
ダウンショットリグ　　058
ネコリグ　　　　　　　066
スモラバ　　　　　　　072
ジグヘッドリグ　　　　077

THIS IS
BASS LURE
World Bass Manual

CONTENTS

装丁◎IST DESIGN　　イラスト◎サトウヒデユキ　　企画・編集・執筆協力◎水藤友基

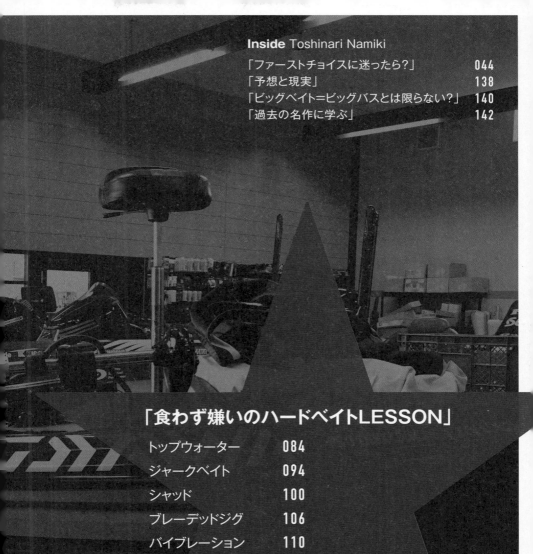

Inside Toshinari Namiki
「ファーストチョイスに迷ったら?」 044
「予想と現実」 138
「ビッグベイト=ビッグバスとは限らない?」 140
「過去の名作に学ぶ」 142

「食わず嫌いのハードベイトLESSON」

トップウォーター	084
ジャークベイト	094
シャッド	100
ブレーデッドジグ	106
バイブレーション	110

「ルーティン脱却のONE MORE チョイス」

ビッグベイト	116
キャロライナリグ	123
I字系ルアー	127
メタル系ルアー	132

Toshinari Namiki
This is BASS LURE
World Bass Manual

This is ベーシック!!

スピナーベイト｜ラバージグ｜クランクベイト｜テキサスリグ

朝、フィールドでまず行なうべきは「状況把握」。
季節感やバスのコンディションをできるだけすばやく知ることから始まる。
そのために必要な4つのルアーを紹介していこう。
「とりあえず釣りたいからライトリグ」？
そんな発想じゃ、いつまでたっても世界のTNには追いつけないぜ。

This is ベーシック!!
スピナーベイト
SPINNER BAIT

どんなルアーか？ 沈むルアー。ワイヤーの一端に金属の「ブレード」、もう一端に「ヘッド＋フック＋スカート」が付いている。水中ではブレード側が上になって回転。障害物に引っかかりづらいルアーのひとつ

ライトリグよりもスレやすいと書いたが、逆の状況もある。たとえばスピナーベイトは**リリースフィッシュを釣る能力がとても高い**。もしプレッシャーに弱いルアーなら、一度釣られたバスが釣れるはずもないよね？ ライトリグに反応しない見えバスが食うこともあって、不思議な能力を持ったルアーだと言える

多彩な役割をこなすオールラウンダー

　ボクがスピナーベイトの真価を体感したのは、アメリカのトーナメントに参戦するようになったことが大きく影響している。

　もちろん、それ以前に日本でもよく使っていたルアーのひとつではあった。ただ、狭いフィールドのトーナメント中などプレッシャーが高い局面ではメインウエポンになりづらかった。同じ場所を大勢が何度も流すわけで、スピナーベイトだけを投げているとどうしてもスレてしまうからだ。

　ひとつのオダをライトリグで釣りきったあとのスパイス的に入れるとか、天候が急変してバスを探しなおすときに慌ててスピナーベイトで立て直す、といった展開が多かった。

　ところがアメリカはどうだろう。1週間、いや1年を費やしても全域はチェックできないほど広大な湖があるから、初めて見る景色のなかでルアーを投げていくことになる。「ここはウイードが多いな」「こっちは水が濁ってる」などと確かめながら、同時にバスを釣っていくわけで、そんなときに重宝するのがスピナーベイトだった。

　なにより、投げて巻くだけでいいから展開がスピーディー。根掛かりせずにカバーを攻められる。アピール力があって、広範囲や障害物の奥にいるバスにも気づかせやすいし、水質の違いやレンジにも対応できて、クリアウォーターでも意外に釣れる。なおかつ掛けたあとにバラシにくい。

　魚探的機能（＝地形などの把握）とバス発見器的機能（＝集魚効果＆バイト誘発力）を兼ね備えていて、総合点が高く、すごく使い勝手のいいルアーなんだ。

クリアウォーターとの適性

"バスプロフェッサー"と呼ばれたアメリカ人のビッグバスハンター、ダグ・ハノンは「スピナーベイトは音がしないルアーだからいい」と言っている。クランクベイトやバイブレーションはラトルが内部でガチャガチャと鳴るし、たとえサイレント仕様でも、装着されたフックなどのパーツがボディーに当たって騒がしい音を立てがち。

それにひきかえ、スピナーベイトは静粛性が高い。透明度の高いフィールドでも効果的な理由のひとつはそこにある。

自然界のエサとは似ても似つかないし、人工的で不自然なボリュームに見えるかもしれない。しかし、回転するブレードはバスにとって認識しづらい対象なのだと思う。常に動き続けて、実体を捉えづらいから。極端にいえば「バスにはスカートとヘッドしか見えていない」のだ。

たとえば晴天無風の富士五湖で、なかなかシャロークランクを投げる気にはならないよね。濁ったり、バスのコンディションがよければ反応するだろうけど、普通はスピナーベイトのほうが釣れるはず。ブレーデッドジグ（p108）なども、シルエットこそエサっぽいけれど明確なバイブレーションと、ガタガタと音を立てるヘッドはむしろ濁りとの相性がいい。

まとめると、バスの視界が効く状況のなかではいちばんストライクを取りやすいハードルアーのひとつ——それがスピナーベイトだ。

タイフーン（O.S.P）はブレードだけで10cm近くあるビッグスピナーベイトだが、20cm台のバスが食ってくることも珍しくない。しかもちゃんとフックに掛かる。ということは、バスにとって回転するブレードはほとんど見えていないのかも

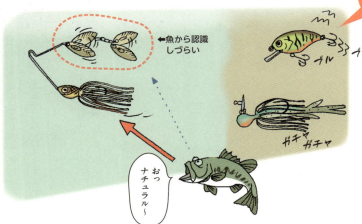

クランクベイトやブレーデッドジグは濁りに強いタイプ

ファストムービングルアーに属するアイテムのなかで、スピナーベイトはクリアウォーターへの適性が高い。回転するブレードは魚にとって認識しづらい対象であり、ハッキリ見えているのはスカートとヘッドだけなのかもしれない

ハイピッチャー・ダブルウイロー

ハイピッチャー・タンデムウイロー

ハイピッチャー MAX・ダブルウイロー

選択基準① 「ウエイト」

　ショップに並んだ膨大な量のスピナーベイトを前に、困惑したことはないだろうか。ウエイトやブレードの組み合わせが幾通りもあって、それぞれに得意な用途も違うので、同じモデルでもたいてい数種類がラインナップされている。それゆえ、ある程度の知識がないと選ぶのが難しいルアーでもある。

　最初の選択基準になるのは「ウエイト」だ。ハイピッチャーシリーズを例にとると、日本の多くのフィールドでは「3/8オンス」または「1/2オンス」の2種類どちらかの出番が多くなるだろう。

　野池や平地の浅い湖沼、霞ヶ浦水系のようなシャロー中心のフイールドには「3/8オンス」がマッチする。水深1m前後のレンジにルアーを通すことが多く、普通のスピードで巻いたときに快適に扱いやすいウエイトがコレだ。

　「1/2オンス」はリザーバーなど、岸際からズドンと深くなっているフィールドで最初に選びたいウエイト。要するに、ウエイトを重くすればするほど深いレンジを通しやすくなるわけだ。

　もちろんスピナーベイトは沈むルアーだから3/8オンスで水深3mまで探ることも不可能ではないし、実際にそういったパターンを試みることもあるが、かなりスローな釣りなのでスピナーベイト本来の持ち味（＝スピード）をスポイルすることに

スピナーベイトをローテーションするとき、カラーよりもブレードタイプよりも先に考えたいのが「ウエイト」だ

◎ウエイトによるレンジ・スピードの違い

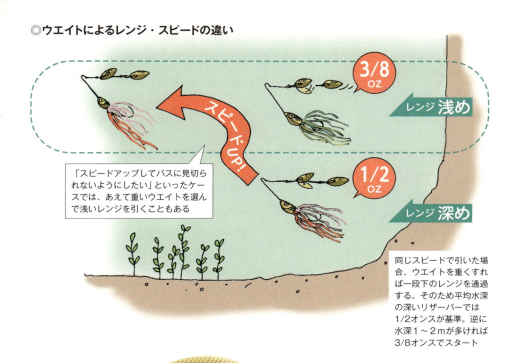

「スピードアップしてバスに見切られないようにしたい」といったケースでは、あえて重いウエイトを選んで浅いレンジを引くこともある

同じスピードで引いた場合、ウエイトを重くすれば一段下のレンジを通過する。そのため平均水深の深いリザーバーでは1/2オンスが基準。逆に水深1〜2mが多ければ3/8オンスでスタート

ハイピッチャー＋アクショントレーラー

フックにワームをセットすると、同じレンジをよりゆっくりと引けるようになる

なりかねない。まずは基本に忠実に！

　なお、リザーバーで重めを使うのは水質との兼ね合いもある。クリア気味なフィールドが多く、バスにルアーを見抜かれやすいので、重いタイプを選んでスピードアップしたほうが効果が出るケースが多い、というのがその理由だ。

　以上がウエイト選びの基本。たとえば野池のオカッパリでも対岸まで飛ばしたいときは重めの「1/2オンス」に変えるなど、アレンジを加えていく。

選択基準②「ブレードタイプ」

　スピナーベイトを選ぶ次の基準が「ブレードのタイプ」だ。
　これもウエイト同様にいろんな種類があるけれど、恒常的に濁ったフィールドの多いアメリカとは違い、日本で使うならそんなにバリエーションは必要ないとボクは考えている。

↑ コロラドタイプのブレード
↑ ウイローリーフタイプのブレード

　基本はふたつ。ダブルウイローとタンデムウイローだ。
「ダブルウイロー」は、ウイローリーフ（＝柳の葉）と呼ばれる細長い形状のブレードを2個セットしたもの。安定した回転が持ち味で、横方向にリトリーブする普通の使い方ではこちらを選ぶことが多い。バイブレーションも弱めになりやすく、クリアウォーターで使うならまずダブルウイローだろう。
　もうひとつの「タンデムウイロー」は、着水後にフワッとカーブフォールさせるのが得意。丸いコロラドブレードがフロントにセットされているので、スローに落とし込んでもしっかり水を掴んで回ってくれるのだ。同じことをダブルウイローでやると、落とし込んだときにブレードが動かなかったりする（使

ハイピッチャーのなかで唯一「ダブルコロラド」がラインナップされている1オンスモデル。明確なバイブレーションが手元に伝わるのでディープでも使いやすい。あえてシャローで使って速巻きすることも

◎ブレードによる使い分け

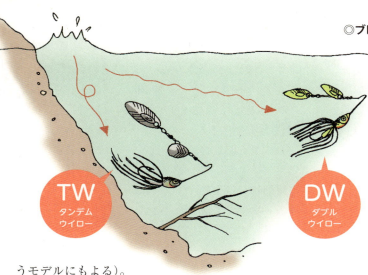

ウイローリーフ型のブレードを2個搭載したのが「ダブルウイロー」。横方向に広く探るオーソドックスな用途に向く。「タンデムウイロー」は丸いコロラド型ブレードをフロント側につけたもの。コロラドブレードはゆっくり引いても回転しやすいので、近距離戦やカーブフォールをまじえて使うときに重宝する

うモデルにもよる)。

このほかに前後ふたつのブレードが丸い「ダブルコロラド」、ブレードがひとつの「シングルコロラド」などもある。強い波動が特徴だが、その前にブレードサイズの大きなもの (#7、#10サイズのタイフーンなど) に変えたり、スピナーベイトではなくクランクベイトで対応することのほうが多い。

というわけで、ブレードタイプをいろいろ増やす前に、まずは上記の2種類をウエイトやカラー違いで揃えることをオススメする。

「シングルウイロー」タイプ (これはハイピッチャー1/4オンスを改造したもの)。フォール中にブレードがよく回転し、アピール力とシルエットが小さくなってジグスピナーのような感覚で使える

レンジコントロールと苦手な場面

　このルアーはむしろ使えないシチュエーションを探すほうが難しい。シャローからディープまで、そしてオープンウォーターからカバーまで、あらゆる場所にアプローチできる。基本の2種類のウエイトを軸にして、軽めの1/4〜5/16オンスを加えれば浅い場所をフワフワと引くこともできるし、5/8オンス以上の重いタイプでミドルレンジから下を探ることも可能。

　ときにはサイトフィッシングでも、ライトリグに見向きもしないバスの鼻先に落とし込んで反射的に食わせるテクニックがあったりと、幅広い使い方ができる。まずは用途を限定せず、あらゆる場所に投げて巻くという「サーチベイト」本来の使い方を試してほしい。

　どのようなスピードで巻くのがいいかはそのときどきで異なるが、意識したいのは「バスの目線よりも上」を通すことだ。

　たとえば、ボトムから1mのウイードが生えているなら、その上っ面をかすめるように引いてみる。表層に見えバスが確認できるなら水面直下をダーッと巻いてもいい。

　魚探で水深2〜3mにベイトフィッシュの群れが表示された

10月の大分県・芹川ダムにて。魚探にワカサギが多く映った水深7m前後にハイピッチャーを落とし込み、リフト＆フォールで反応させた。深いレンジを釣るためウエイトは5/8オンス、フォールでも確実にブレードが回るタンデムウイローを選んだのもポイント

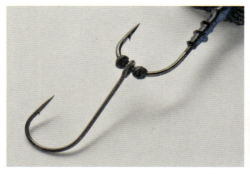

トレブルフックに比べてショートバイトを逃しやすいという弱点を補うため、トレーラーフックをセットすることも。メインフックより一段小さいサイズが基本で、根掛かりが多ければもうひとまわり小さく

　ら、その下でねらっているバスをイメージして３ｍラインをトレース。このときに1/2オンスではかったるいので、重い5/8〜１オンスに変えてみる、といった感じで調整していく。

　個人的にスピナーベイトが効きづらいと感じる状況もいくつかあって、まずは濁っていて晴天無風のとき。ボクならスピナーベイトよりも先にクランクベイトを選ぶ。晴れでもバイトさせやすいし、濁りのなかではクランクの強波動でバスに気づかせることを優先したい、という感じ。

　また、早春のクリアリザーバーではジャークベイトをチョイスすることが増える。バスがサスペンドしていて、なおかつ横方向への追いが悪いシーズンなので、トゥイッチングで反射的にバイトさせたり、水中でポーズを入れて「バイトさせる間」を作れるルアーの優先順位が高くなるからだ。

フォール主体で使う場合、落とし込む最中にスカートがめくれ上がってフックがむき出しになり、ミスバイトの可能性が増える。ワームをセットしておけばしっかりフックの部分を食ってくれる

世界初のシステム・スピナーベイト
High Pitcher

　スピナーベイトにおいてウエイトの使い分けはとても重要なポイントだ。ところが、既存のアイテムを使っているとストレスを感じることも多かった。理由のひとつはサイズ感のチグハグさ。

　たとえば3/8オンスを使っていて、少しレンジを下げようとして1/2オンスに交換すると、ウエイトだけでなくブレードサイズまで大きくなってしまう……というのが従来のスピナーベイトだった（特にアメリカ製）。

　ブレードのサイズが変わるとパワーも変わるし、大きくなるほど浮きあがりやすい。下手すると1/2オンスモデルのほうがレンジが浅くなってしまうことも（笑）。そこで、しかたなく小さいブレードに交換したバージョンの1/2オンスを用意する、という手間をかけていた。

ハイピッチャー・シリーズの中核をなす3サイズ（5/16・3/8・1/2オンス）を比較。ブレードやワイヤーのサイズは同じで、ヘッドのボリュームもかなり近い（見分けづらいのでビーズの色を変えてあるほど）。同じテイストのスピナーベイトを多彩なレンジで使い分けることが可能になった

のみならず、重めのスピナーベイトには太くてゴツいフックがセットされていたりして、こうなるとタックルからすべて変更しなくてはならない。同じパワーのロッドやラインではアワセが決まりづらくなるからだ。

こうした問題をトータルで解決するためにO.S.Pで開発したのが「ハイピッチャー」シリーズだった。日本のフィール

ドで使いやすいコンパクトさもさることながら、個人的には「世界初のシステム・スピナーベイト」だと思っている。

パワーやボリューム感、フックサイズ、ブレードのサイズなどをできるだけ変えないまま、異なるウエイトをラインナップ。同じサイズのクランクベイトを潜行深度別に使い分けるように、スピナーベイトにおいてもシステマチックなローテーションが実践しやすくなったわけだ。

一般的には「コンパクトサイズ」と呼ばれるボリューム感だが、単にフィネスをねらったわけではない。ヘビーカバーに負けない強さのワイヤー、14〜16ポンドぐらいのラインでがっちりフッキングできるフックなど、仮にアメリカで使っても問題のない耐久性と実用性を持たせてある。

なお、このシリーズにはひとまわりボリューム感の大きな「ハイピッチャーMAX」もラインナップしている。同じウエイトでも装着したブレードが大きいのでよりパワーが強く、同じレンジをゆっくり巻くことが可能。

たとえば小場所ではハイピッチャー。広い本湖エリアや、風・濁りが強いときはハイピッチャーMAX、といった使い分けをしていく。

This is ベーシック!!
ラバージグ
RUBBER JIG

どんなルアーか？ 沈むルアー。シンカーと一体型のフックにラバースカートを巻きつけ、さまざまなワームと組み合わせて使う。ヘッドの形状によって「アーキータイプ」「フットボールタイプ」の2種類に大別される

ネコが認めた？「ラバースカート」の付加価値

　ジグヘッドにラバースカートを追加したもの。ラバージグというルアーは、そういうふうに定義することができる。

　ではなぜ、普通のジグヘッドではダメなのか。ラバースカートの果たす役割はなんだろうか。

　まず第一に、アピール力を増すことが可能になる。たとえば水が濁ったとき、同じワームをジグヘッドリグにセットするよりも、ラバージグに付けたほうがバスに気づいてもらえる可能性は格段にアップする。広がったラバーが水を受け、そして押し返すことで「ボワンボワン」と大きく水を動かすからだ。

　第二の役割は「バスを騙しやすくなる」という点にある。

　昔、ネコにいろんなルアーを投げて実験したことがあった（もちろん安全な状態で）。ネコジャラシで遊ぶようにして最初は興味を示すんだけど、たいてい数回で飽きてしまう。

　ところが、最後までネコがじゃれついてくるルアーがひとつだけあった。それがラバージグだ。テキサスリグなら3回で見抜くのに、同じワームをラバージグにつけると延々と追いかけてくる。

ワーム単体で使うか、ラバージグにセットするか。たったそれだけの違いでもバスの反応は劇的に変わってくる

メリットは……？
- アピール力UP
- 誘い性能UP
- 見切られにくい
- だましやすい
- 低水温期に強い
- フォールスピードを制御

その理由は「実体がハッキリしない存在」だからではないか、というのがボクの仮説。ラバーがフワフワと動いて、いったいコレがナニなのか、よくわからない。だから興味が失せない。バスがラバージグに反応するのも同じ原理なのだ。

ラバーの動きは水中に入るといっそう複雑になって、得体の知れない存在に化ける。だからこそＩＱの高いスレバスを最後まで騙し続けることができるわけで、プレッシャー対策としても、トーナメントウエポンあるいはビッグバスルアーとしても、ボクにとって、ラバージグは常に不可欠なアイテムだ。

落とすだけじゃない、マルチプレーヤー

この本の最初に紹介したスピナーベイトは、ハードベイトのなかでかなり汎用性の高いルアーだった。ラバージグにも似たようなことが言える。使うシチュエーションや手法を選ばないのだ。

たとえば、ラバージグの基本的な使い方のひとつに「カバー撃ち」がある。なんらかの障害物に向けてジグをタイトに送り込み、そこに潜むバスをねらう方法だ。

もちろん同じことはテキサスリグでもできる。葉っぱの生い茂ったブッシュ、びっしり生えたウイードなどが相手だと、むしろテキサスのほうが有利になることも多い。貫通力にすぐれ、引っかからずに落としやすいから。

枯れたアシのポケットをアーキータイプのジグで撃つ（千葉県・印旛沼）。テキサスリグならスムーズかつテンポよく探っていけるが、低水温期なので「落としたあと、じっくり誘って食わせる」ためにラバージグを選んだ

◎ラバージグとテキサスリグの違い
ラバージグはテキサスリグよりも多彩な使い方ができる。低水温期や濁りのある状況も得意

『いろいろできる』のがジグの強み

　しかしながら、カバーのなかにいるバスが「なんらかの理由でスレている」「活性が低い」「ルアーを落としただけでは食わない」といった状態だと、単に落とすことを優先したテキサスリグでは、なかなかバイトさせられないケースが出てくる。
　そんなときこそ、ラバージグの出番。
　カバーに撃ち込んで、シェイクしながら落とす。ボトムで誘う。ボトムをズル引く。リフト＆フォール。フワフワと宙層をスイミングさせ、手前まで広く探る。
　かようにも多彩な演出が、たったひとつのラバージグでこなせてしまうわけだ。縦にも横にも探れるし、ピンポイントで動かさずに誘うのも得意。だからこそカバー以外でも使いやすいし、登板機会が増えていく。その日のバスがどういったアクションに反応するか、ジグだけである程度見極めることもできる。

ラバージグは同ウエイトのテキサスリグよりもスローに落ちてアピール力が強い。その反面、バスがボリューム感を嫌うときや、すばやいスピードに反応するときはラバーの存在が不利に働くことも。0.5ｇ刻みでシンカーウエイトを細かく変えたりもしづらい

「アーキータイプ」とウエイトの選び方

　ヘッドの先端（アイの部分）が細くなったラバージグを「アーキータイプ」という。障害物に引っかかりづらく、一般的にカバー撃ちでよく使われるので「カバージグ」、カバー用スモラバ（p72）との比較で「フルサイズジグ」などと呼ばれることもある。

　スピナーベイトの選び方と同じように、ジグも「ウエイト」をどう決めるかによって、使い勝手や釣果が大きく左右されるといっていい。

　カバーを撃つ場合のウエイトの基準は明確。自分がねらうスポットに対して確実かつ効率的にアプローチできるかどうかで判断する。「しょっちゅう枝に引っ掛かって落ちていかない」といったことがないようにしたい。

　たとえばマッディウォーターのシャローでアシ際を撃つなら1/4オンス。せいぜい水深1mぐらいまでを釣るイメージだ。

　同じフィールドでも枝の多いブッシュだったら5/16オンス。アシ際より少し深い障害物を探るときもこのくらいのウエイトが扱いやすい。

オンス⇄グラム換算表

オンス	グラム
1/8オンス	3.5g
3/16オンス	5g
1/4オンス	7g
5/16オンス	9g
3/8オンス	11g
1/2オンス	14g
5/8オンス	18g
3/4オンス	21g
1オンス	28g

O.S.Pジグゼロワン+ドライブクロー4in
もっともオーソドックスなコンビネーション。フォール中には2本のツメが派手に動く。カバーのボトムでスローに誘ったり、シェイク&リトリーブで宙層を巻くのもOK

O.S.Pジグゼロワンストロング+ドライブクロー5in
上と同じヘッド形状だが、ラバースカート全体のボリュームを増強したタイプ。より水の抵抗を受けるのでアピールが強く、大雨のあとの濁った水域では通常のジグをしのいで独壇場に

O.S.Pジグゼロワンストロング+ドライブシュリンプ6in
薄くて機敏に動くトレーラーを合わせることで「誘い」に特化したコンビネーション。ポークラインドのようなイメージで、枝に絡めてフワフワ動かしたり、ゴミ下の水面直下で誘ったり。ドライブシュリンプ4.8inをセットするときはラバーの端を1～2cmほどカットすればワームのアクションが阻害されない

リザーバーのように平均水深が深いフィールドでは3/8オンスからスタート。密集した落ち葉のゴミ溜まり、バンク際の浅いレイダウンなどはほぼこのウエイトでこなせる。それでも落とすのに苦労するようなヘビーカバーや、水深3〜5mまで落とし込む必要があるなら1/2オンスの出番が増えるだろう。

まとめると、フラットで浅いフィールドなら1/4＆5/16オンス。急深なレイクでは3/8＆1/2オンス。まずはこれらのウエイトを基準に持っておけば間違いない。

O.S.Pジグゼロワン＋HPシャッドテール4.2in

シルエット、カラーともに小魚をイメージ。ワカサギやシラウオなど細身のエサを捕食しているときに効果的。おもにカーブフォール＆スイミングで使うので、5〜7gと軽めのウエイトを選ぶことが多い。エサのサイズに合わせてワームの頭をカットしたり、ドライブシャッドに変えるのもアリ

カバー用スイムジグ（プロトタイプ）＋ドライブシャッド4in

アーキータイプの一種だが、スイミングでの使用に特化したジグ。中〜大型のベイトを捕食しているようなときに使う。スキッピングでオーバーハング下に入れて巻いてくる、といった使い方も得意

シャローマッディウォーターで使うなら……
1/4オンス・5/16オンス

リザーバーで使うなら……
3/8オンス・1/2オンス

「O.S.Pジグゼロワン」は、2000年代初頭にボクがデザインしたアーキータイプのラバージグだ。

　第一の特徴は、ウエイトによってガードの本数を変えた。重いほうがよりスタックしやすく、トラブルを防ぐには強いガードが必要になる。テストを繰り返して1本単位で細かくチェックした。この作業はその後に開発したジグにも継承している。

　フックについては、できるだけ同じサイズで揃えるのがポリシー。ウエイトに応じてフックサイズが変動すると、フッキングパワーが変わってしまい、タックルまで変えなくてはならないからね。ヘッド形状やアイ位置にもとことんこだわった。既存のジグでは満たせなかった部分を改良した「システム・ラバージグ」なのだ。

こだわりのブラシガードは、状況に応じて左右に広げやすいよう「楕円形」の穴に植えてある。ラインアイを高めの位置に設定したのもポイント。ジグがバスの口のなかで横倒れしていてもフッキング時にすぐ起き上がってくれ、上あごの奥に深く掛けやすい

ゴムラバー

シリコンラバー

ラバースカートには古くからある「ゴムラバー」、および「シリコンラバー」の2種類がある。前者は水になびくような柔らかいアクションが持ち味で、バスを誘う能力が高い。後者は張りがあって水押しが強め（太さにもよる）。透き通ったカラーリングも可能で近年の主流になっている

情報伝達に優れた「フットボールタイプ」

　このタイプの名称の由来は、まるでフットボールのような楕円形のヘッド。障害物をスルスルかわすアーキータイプとは対照的で、むしろ積極的に引っかかるような形状をしている。もとはといえば、ディープウォーターの地形変化などを釣るために発達したアイテムだからだ。

　フットボールジグでボトムを引いてみると、微妙な底質の違いや起伏がかなりダイレクトに伝わってくるはず。横方向に広がったヘッドはボトムとの接地面積が広いため、ラインとロッドを経由して、より多くの情報をアングラーに教えてくれるのである。

　最近は高性能の魚探が普及しているから、いちいちルアーでボトムを探らなくても一目瞭然、と思うかもしれない。しかし実際は「同じハードボトムのなかでも、こっちのコースから引いたほうがよりゴツゴツ感が大きい」な

◎フットボールジグの基本性能

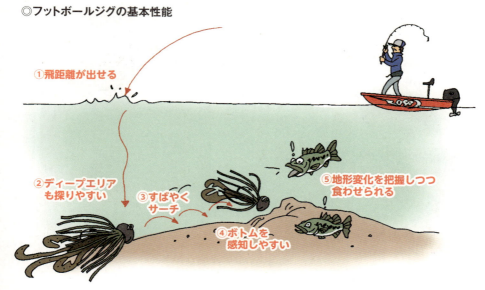

① 飛距離が出せる
② ディープエリアも探りやすい
③ すばやくサーチ
④ ボトムを感知しやすい
⑤ 地形変化を把握しつつ食わせられる

ゼロスリーハンツ・ストロング（9g）＋
ドライブシャッド3.5in

This is パイロットルアー！

野池から霞ヶ浦水系や利根川、亀山湖に相模湖、西日本の巨大リザーバーまで、どこへ行くときもぜったいに外せないセッティング。7gだとスローになりすぎたりカバー貫通力が落ちるし、11gはフォールが速すぎたりスタック率が増す。「9g」というウエイトが重要なのだ

ゼロスリーハンツ（5g）＋ドライブクロー3in ※右
ゼロスリーハンツ（7g）＋ドライブクロー4in ※左

マッディシャローのカバー撃ちに多用するコンビ。どちらもフォールスピードはおよそ「2秒で1m」。このくらいがいちばんバスが反応しやすいと感じている。本物のザリガニのスピードに近いのかも

ゼロスリーハンツ＋4inグラブ

グラブとの組み合わせはフットボールジグの王道。フォールやスイミングを中心に、いろんなウエイトで使う

ゼロスリーハンツ（11g〜）＋
ドライブスティック3.5in

重めのフットボールジグはリアクションバイトを意識。水の抵抗を受けづらいトレーラーを合わせると余計にキレのある動きが出せる。「チャッ！チャッ！」と鋭く短いロッドワークで、ボトムのハゼ類が逃げるような演出も

ど、手元に伝わる感覚がヒントになることも多いのだ。

　なにより、サーチしながら同時に魚を食わせる能力が高いというのもフットボールジグのいいところ。仮に同じ場所をディープクランクで叩いたとして、おおまかな変化は把握できるかもしれないが、ボトムに落ちた枝の一本一本まで把握できるか、と言われれば答えはＮＯだ。フットボールジグなら、変化を探しつつ、よさそうなところでステイさせたり、リフト＆フォールで誘ったりと小技も効く。

　ダウンショットリグなどを入れたほうが「食わせ」の能力は高い反面、サーチするスピードは遅くなってしまうし、ときにカバーに絡めたりスイミングを織り交ぜるなど、多彩なアプローチができる点でも、やはりフットボールジグの利点が際立つ。

　もうひとつ、このジグの特徴として挙げたいのは「メリハリのある動き」。フォールではあまりスライドせずまっすぐ落ちるから（アーキータイプやテキサスリグとの比較）、「ヒュッ、ストン、ポンポン、パーン！」という感じで、移動距離を抑えたクイックなアクションが演出できる。活性の下がったときに使ってリアクションバイトをねらうのもフットボールジグの王道だね。

普通カバーでは使わないフットボールジグだけど、ゼロスリーハンツは別。強めのガードがついているし、障害物を乗り越えるときも横倒れしづらくて「フックの根掛かり」が少ない。ただし枝の根元などには挟まりやすいから、そういうときはゼロワンが有利

エサや障害物に合わせた地味なカラーを選ぶのがジグの基本。ただし光量の少ない朝夕やローライト時はチャート系が抜群に効く。ひどく濁ったらブラック一択だし、宙層で巻くならホワイト系もいい

This is ベーシック!!
クランクベイト
CRANK BAIT

どんなルアーか？ リトリーブするとブルブルとお尻を振りながら潜り、止めると浮く。丸っこいフォルムのものが多い。リップの大きさや角度などによってそれぞれの潜行深度が決まる

ファットボディの存在意義

「リップの付いたハードベイトのなかで、もっとも引っかかりづらいルアー」。クランクベイトはそんなふうに定義できる。

たとえばジャークベイトは細身で、ボディー幅からフックがはみ出しやすく、ウイードや枝などに触れるとすぐに絡んでしまう。クランクベイトは基本的にボテッとした丸型ボディーだから、その幅のなかにフックが隠れてくれるのだ。

では、ジャークベイトもリップを大きくすればスナッグレス効果が高まるのかというと、実はそうでもない。そもそも、細身のボディーはたいして浮力を確保できないという点がネックになる。

障害物に当たったら止めて、浮かせて回避するのがクランクベイトの得意技だが、浮力の弱いルアーでは同じ効果が望めない。

さらに深く見ていくと、クランクベイトの「浮力」にはとても大きな意味がある。

◎クランクベイトの特性

特性①
ハードルアーのなかでは抜群のカバー回避性能

特性②
浮力が強くて大きなリップを搭載できるため、さまざまなレンジ用のバリエーションが作りやすい

強い浮力が働くからこそ、大きくて水の抵抗を受けやすいリップを搭載でき、水深4〜5mまで到達するディープクランク、ときにはもっと深くまで潜るルアーを設計できるのだ。

　同じことを浮力のないボディーでやろうとすると、すぐにバランスを崩してお話にならない。「スーパーディープまで潜るフローティングジャークベイト」が存在しないのには、そういう理由がある。

　ある程度の水深（たとえば3m前後）まで潜るタイプのジャークベイトもないわけでない。ただし、たいていボディーサイズが10cm以上になっていると思う。細身なので、浮力を稼ぐためには長さが必要だからだ。

　対するクランクベイトは、同じ5cmボディーのままシャロークランクから4mダイバーまで多彩なバリエーションを作り出せる。さらに、長さのわりに体積がある＝重量があるので飛距離も出しやすい（5cmのジャークベイトとクランクを比較すれば一目瞭然）。

　こんなふうに、いろんな意味で使い勝手のいい構造を備えているのが「クランクベイト」というルアーだといえるだろう。

潜行深度やアクションの違いなど、多くのバリエーションが誕生したのはクランクベイトならではの構造によるところが大きい

「サーチベイト」としての位置づけ

クランクベイトはその浮力を活かした障害物回避が得意。特にマッディウォーターでは欠かせないサーチベイトだ（サウスキャロライナ州・レイクマーレイ）

　すばやく広範囲を探るための「サーチベイト」として、クランクはスピナーベイトと比較されやすいルアーだ。どのような部分が違うのだろうか。

　よく言われるのが「マッディウォーターに強い」という特性。スピナーベイトよりも水を押す力が強く、濁ったなかでもバスに発見されやすい傾向がある。ただし波動の弱いクランクも存在するし、クリアウォーターでまったく釣れないわけではないから、このあたりは使うモデルや状況にもよりけりだ。

　もうひとつ異なるのは「スピード」。

　スピナーベイトは速く巻けば巻くほど浮き上がってくるタイプのルアー。もしも水深3〜4mレンジを泳がせようとすると、たとえ重めのウエイトを使っていても、かなりスローに巻く必要がある（1オンスモデルなど例外もある）。

　対照的にクランクベイトは「巻けば巻くほど潜る」ので、ディープクランクをダーッと巻いて水深3〜4mをスピーディーにチェック、なんてことがやりやすい。

　ただし、どんどん潜っていくので「同じレンジをキープして横に引く」というアプローチにはあまり向いていない。一例を挙げると、ウイードフラットの上っ面をトレースするときはスピナーベイトやバイブレーションのほうがスムーズに通せる。クランクベイトなら「ウイードに当てて、ほぐして、浮かせて、また潜らせて」といった使い方をするか、ウイードにほとんど当たらない潜行深度を選ぶことになるだろう。

　よく使うシーズンは春〜秋にかけて。冬場はバスがボトム付近にいることが多くなるので、「止めると浮く」というクランクベイトの特性が逆効果になることが多い。要するに、バスから遠ざかろうとしてしまうわけだ。「止めるとそのまま静止する」サスペンドシャッドや「止めると沈む」バイブレーション、メタルバイブなどが低水温期にも効くのは、そういう理由なんだね。

10月の大分県・芹川ダム。岬まわりからディープクランクで次々とグッドサイズをキャッチした。広範囲に散るベイトフィッシュに合わせて活動域を広げるバスの動きを捉えるのは難しいが、こういうときこそ展開のはやいクランクベイトが威力を発揮する

シャローかディープか？　潜行深度の選び方

スピナーベイトに「同じモデルでいろんなウエイト」がラインナップされていることは先に述べたとおり。重さを調節することによって、ねらうレンジを変えていくためだ。

似たようなことをクランクベイトは「潜行深度の違い」で行なう。ひとつのモデルに２〜３種類、あるいはもっと多くのバリエーションが準備されているのはそういう理由だ。

たとえばO.S.Pの「ブリッツ」シリーズには、①シャロークランク（最大潜行深度約２m）　②ミドルダイバー（最大潜行深度約2.5m）　③ディープクランク（最大潜行深度約４m）の３タイプがある。これをどのように使い分ければいいのだろうか。

結論から言うと、「リトリーブの途中で最低１回はボトム（または障害物）にタッチする潜行深度を選ぶ」のがもっとも基本的なセレクト方法。なぜかといえば、それがもっとも効率的にそのエリアをサーチする方法だから。

水深３mの場所で１mしか潜らないシャロークランクを使って釣れることも、もちろんある。バスがそのレンジにいて、活性が高く、巻いているだけでガンガン食ってくる状況ならそれでぜんぜん構わない。

ブリッツシリーズ最大の特徴は「セミフラット」ボディー。ツルンとした丸型ではなく、背中に角ばった部分が設けられていることがわかる。フラットサイド的な形状を取り入れて水押しやフラッシングを増強しつつ、浮力や飛距離を損なわないよう配慮されている

◎潜行深度の選び方

潜行深度が浅いタイプと深いタイプ、２種類のクランクベイトを比べてみよう。
バスがAの位置にいればどちらにもバイトチャンスがある。しかし深いレンジ（＝B）にいる場合は、そこに到達するクランクベイトを使わないと気づいてもらえない可能性が出てくる。
したがってまずは「かならず一度はボトムに当たるタイプ」を選択するのが基本だ。「当てる」ことによって生じる音やイレギュラーなアクションでバイトが増えるケースも多いし、キャスト距離を短くすれば潜行深度を浅めにもできる

※フロロカーボンライン12ポンド使用時の潜行深度

ブリッツ
53mm／9ｇ／最大潜行深度＝2ｍ

ブリッツMR
51.5mm／9.5ｇ／最大潜行深度＝2.5ｍ

ブリッツEX-DR
53mm／12ｇ／最大潜行深度＝4ｍ

クランクでボトムを叩いていると、落ち葉などが絡まって釣りづらいことがあるよね。それは大きなヒント！　そういう場所は水が淀んでいるから速めにパスしよう、と判断できるんだ。特にハイシーズン中はゴミのないクリーンなボトムのほうが釣れる

　しかし状況がわからない段階で「宙層だけ」を巻き続けるのはリスクがある。バスはボトムにたくさんいたのに、そのことに気づかず取りこぼしてしまうかもしれない。
　逆に「水深１ｍでディープクランク」というセレクトも、ちょっとチグハグな感じ。ショートキャストで使うならともかく、フルキャストだとボトムを叩きすぎて根掛かりが増えたりしがちだ。丁寧にボトムを釣るならもっと食わせやすいルアーがほかにある。連続的なボトムノックが効くこともあるから、一概には言い切れないけれどね。
　そんなわけで、「リトリーブの途中で最低１回はボトム（また

キャスト後、ロッドティップを水中に突っ込んで巻く「ニーリング」。こうするとクランクベイトをより深く潜らせることができる

ブリッツMAX
62mm／12.5g／最大潜行深度＝1.8m

ブリッツMAX-DR
61mm／18g／最大潜行深度4.2m

は障害物)にタッチする潜行深度」をベースにしながら次の展開を探っていくのがベター。潜っていく途中で食ったら「もっとレンジの浅いクランクに変えよう」となるし、ボトムタッチで反応が出るなら「より深く潜るタイプ」へローテーションする。

　なお、ルアーを交換せずにレンジを調節する方法もあって、それが「投げる距離を変える」というもの。ロングキャストすればするほど助走距離が稼げるのでクランクベイトは深く潜ってくれる。

　逆にディープクランクをあえて近距離キャストでバンク際に入れ、急潜行させてピンスポットに当てる、というのもボクの好きな使い方だ。むやみに広範囲を探るだけでなく、ねらいを絞っていけるかどうか、そのあたりもクランクをマスターするコツのひとつだ。

ディープの宙層に小魚が群れていたらどうする？ディープクランクでそのレンジを通すだけで食えばいいが、付近のボトムにコンタクトさせることがバイトのきっかけになることも多い。最近は水深5mより深いレンジに到達するエキストラ・ディープクランクが登場。従来のアイテムでは届かなかった場所にも「当てる」ことが可能になった

宙層専用の変わり種「フラットサイド」

丸型で浮力の強いボディーという定義からは少し外れた、毛色の違うアイテムが「フラットサイド」と呼ばれるタイプのクランクベイトだ。名称のとおりボディー側面が平らで、リップの短いシャローランナータイプが多い。

たとえば透明度の高いリザーバーの岩盤帯。宙層にバスが浮いてエサを追っているような状況で、ラウンドタイプ（丸型）のクランクではアピールが強すぎる。とはいえ水深があるのでミノーでは気づかせるパワーが弱い。

HPFクランク
全長63mm／9.8ｇ／最大潜行深度2.3m

そんなとき投げたいのがフラットサイドクランクだ。ラウンドタイプに比べると障害物の回避能力は落ちるが、体高があるからミノー以上のフラッシングと波動で魚を呼べて、下のレンジからバスを食い上げさせることも期待できる。要するにクランクとミノーの中間的存在なのだ。

強度を維持しながら、肉薄化による浮力確保を実現した「ハニカム構造」。O.S.Pのプラグに共通するギミックだ。これによりフラットサイドの弱点（低浮力、泳ぎのレスポンスの悪さなど）が大幅に軽減されている

そのほかには、フラットな形状が似ているためかブルーギルや小型のフナの多いフィールドで効くことも。スローに巻いてもキビキビと泳いでくれて浮上スピードが遅めなので、ラウンドタイプに比べて低水温期でも反応を得やすい傾向がある。

デメリットは「飛距離」。特に風の強い日は、フラットなボディーが煽られてコントロールが定まりづらい。浮力もラウンドタイプほどではないから、本格的なカバークランキングには不向きだね。

まず背景の空を見てほしい。一般的にはハードベイトが苦手とされる晴天無風時でも、クランクベイトはバイトを得やすいアイテムのひとつだ

This is ベーシック!!
テキサスリグ
TEXAS RIG

どんなルアーか？ 弾丸型の「バレットシンカー」をラインに通してフックを結んだ仕掛けの一種。ワームを使うならまっさきにマスターしたい基本のリグ

拡張性の高いスナッグレス構造

　テキサスリグを使う典型的なシチュエーションは「なんだかゴチャゴチャしている場所」。トレブルフックのついたプラグはもちろん、ほかのリグでもちょっと投げるのを躊躇するようなスポット（＝要するにカバー）でこそ、このリグのよさが生きてくる。

　使うバレットシンカーは円すい形で先端が細くなっている。だからテキサスリグを落とすときもピックアップ時も障害物に挟まりづらい。キャストのたびに引っかかったり、フックがズレて直したりしていると釣りのテンポが悪くなるけれど、テキサスリグならポンポン探っていける。

　ちなみに、バレットシンカーの形状はフッキングでも有利に働いている。仮に先端が細くないシンカーを使ったとしたら、リグごと丸呑みされた状態でバシッとアワセたとき、硬いシンカー部分が「ガツッ！」と当たってバスの口をこじあけてしま

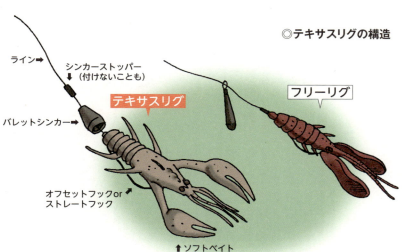

◎テキサスリグの構造

うおそれが高い。

　テキサスリグのもうひとつのよさは、いろんなワームをいろんなウエイトで使えることだろう。似たような使い方をするルアーにラバージグがあるが、こちらはシンカーとフックが一体型なので、どうしてもバリエーションが限られてしまう。

　たとえば2.5ｇのウエイトで9インチのワームを使おうと思ったら、市販のラバージグではフックサイズが合うものがほとんどない。4ｇとか、8.8ｇとか、はたまた2オンス（＝約56ｇ）など、一般的なジグにはラインナップされていないウエイトも、テキサスリグなら自由に選んで組み合わせることが可能だ。

複雑に折り重なった竹のジャングル。こういったカバーで「しっかり貫通させて奥まで落とす」ためのもっとも合理的な選択肢がテキサスリグ

◎シンカーウエイトの選び方

シンカーが軽すぎると途中で引っかかってバスに気づかれない可能性アリ　しっかりとカバーを貫通するのが大前提。迷ったら重めのウエイトに

何グラムのシンカーを使うべきか？　ねらうカバーの密度にもよるが「しょっちゅう表層に引っかかって、ほぐさないと下に落ちない」ようであれば軽すぎる

リザーバーの浮き物（フローティングカバー）。密集して生えている草の根元を探るためにテキサスリグを選んだ。こういう場所ではボトムまで落とさずにカバーの直下で探る

ドライブクロー3インチ　　　ドライブシュリンプ4.8インチ

ワームの種類とバリエーション

　このリグで使えないワームを探すほうが難しい。それくらい許容範囲が広いリグだ。

　カバー撃ちで使うならクロー系・ホッグ系が定番だ。そういった場所にいるエサ、エビやザリガニ、ハゼやゴリなどにワームのシルエットを合わせていく。ドライブクローやドライブビーバーはフォール中などに水をかき回す力が強いから、密集したカバーまわりでバスに気づかせやすいというメリットもある。

　一方、ドライブシュリンプのように細かいパーツの多いワームは、ロッドワークによる「焦らし効果」が期待できる。落とすだけでは反応しないような状態のバスに対し、シェイクなどロッドワークを多用して、じっくり見せて食わせるのも得意。ラバージグやスモラバに近いイメージだ。

　ただし「パーツが多い＝引っかかりやすい」というデメリットにもなるわけで、同じシンカーウエイトを使っていても、引っかかりの少ないワームに比べると貫通力がやや下がる。

　またスティックベイト系をテキサスリグにセットすることもある。シルエットは小魚に近いタイプだが、エサっぽく誘うのではなく、メリハリのある上下動でリアクション気味に操作す

フックサイズを選ぶときはワームの幅を基準にすることが多い。ゲイプ幅（A）がワームの幅（B）の1.5～2倍になっていればまずはOK。ゲイプ幅が狭すぎるとフッキング時にワームがズレにくく、掛かりを妨げる要因になる。フッキングが悪ければサイズを上げるが、大きすぎても魚に見切られる恐れが出てくる

ドライブスティック6インチ

ドライブクローラー9インチ

ドライブSSギル3.6インチ

ドライブシャッド3.5インチ

シンカーウエイトの使い分けは重要だ。わずかな違いでバイトが出たり、出なかったりする。写真は濃いベジテーションを貫通させるためにセレクトした10gシンカー。まずは重めから始めて、それで食わなかったり、引っ掛かりすぎるようなら徐々に軽くしてみる。「カバーに入る範囲内で、できるかぎり軽く」するのがバイトを増やすコツ

ることが多い。カバーだけでなく、ロングキャストしてリフト＆フォールで広範囲を釣っていくのも有効だ。

　ストレートワームも独特なフォールアクションが持ち味。ストンとノーアクションで落ちそうに見えるが、ドライブクローラーなどはテールがグネグネと生命感のある動きを見せる。

　面白いのが、9インチクラスのロングワームでも小バスが食ってきたりすること。ドバミミズに見えるから反応する、というわけでもなさそう。おそらく、ワームの断面のボリューム感が小さいので「ちぎって食えそうな相手」だと認識しているんだと思う。

　さて、ここまでに挙げたワームとは対照的なのがシャッドテール系だ。おもにスイミングで使う。小魚が無防備に泳ぐさまを演出するイメージで、ウイードやベジテーションなどに絡めても使いやすい。

　この場合は基本的に宙層を釣る方法なので、軽めのウエイトを選ぶ。たとえば霞ヶ浦水系でよく使うドライブシャッド3.5インチだと、2.5gのシンカーがちょうどいい。水面下50cm〜1mあたりを丁寧に引きやすいバランスだ（フロロカーボン12ポンド使用時）。これが3.5gのシンカーだと、たった1gの違いでもボトムを擦りすぎてしまう。

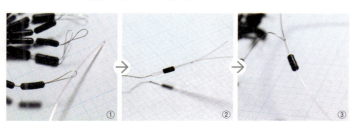

シンカーストッパーの通し方
①輪にラインを通す
②ラインをふたつ折りにしてゴムを移動させる
③完成

プロでも悩むフック選び

　ワーム用フックにはいくつものバリエーションがあり、特にテキサスリグではその選択が結果を大きく左右するとボクは考えている。障害物の周辺でバスを掛けることが多く、適切なフックを選んでしっかり掛けてやらないとファイト中に外れる危険性が高くなってしまうのだ。

　フックのサイズも大事な要素だが、まずは「形状」から見ていこう。

　大きく分けると「ストレートフック」「オフセットフック」の2種類がある。ラインアイからゲイプまで一直線になったものがストレートフックで、アイの付近を「Z」のようにクランクさせてあるものがオフセットフックだ。

　できることなら、フックはなるべく「バスの口の奥に、深く」掛けるのが理想。これをもっとも実現しやすいのがストレートフックである。

　ただしこのフックにも弱点があって、必要充分なパワーを加えてやらないとハリ先がしっかり刺さってくれないことがある。近距離で、なおかつ太いラインを使ってガッチリとフッキングできるならいいのだが、ロングキャストすると刺さりが甘くなりがち。

　それを補うために使うのがオフセットフック。このタイプはハリ先がラインアイのほうを向いているのがミソで、フッキングの力をダイレクトにハリ先に伝えてくれる。結果、ロングキャストしていてもどうにかこうにか掛かる確率がストレートフックより高くなるわけだ。

オフセットフックの基本的なセット方法。いったんボディーを刺し通して、ハリ先だけを数mm埋め戻す。刺し通さずに皮一枚で埋め込むと根掛かりが軽減できる。ストレートフックの場合は最初からフックポイントを外に出さないことが多い

完璧とまでは行かないが、フックが口の奥の硬いところに掛かった。ストレートフックに特性の似たFPPオフセットを使ったおかげ

　使い分けの目安としては、まず撃つスポットとの距離感を考えよう。ストレートフックはハリ先がバスの内側に触れやすく、奥のほうの硬い部分に掛けやすいので、カバー内で太いラインを使って15m以内の距離で使うならこっちを選ぶ。

　それよりも遠い距離でねらうときはオフセットフック。注意点と

鉄製の杭など硬い障害物のまわりではラインが擦れて切れやすい。こういう場所では弱い力でも掛かりやすいオフセットフックを選び、「ビシッ！」ではなく「……ギューッ」とスイープなフッキングを心がける

◎5つのフック形状と使い分け

①ストレートフック／太軸タイプ（FPPストレート）

カバーでの使用頻度はもっとも高い。16〜20ポンドラインを使い、撃つ場所との距離が15m以内ならコレ。ほかのタイプを使うときよりも枝やウイードと絡むトラブルが減らせる。太軸で強度があるのでPEラインとの相性も良好だ。シャンクにストッパーが設けられているのはワームのズレを防ぐため

②オフセットフック／ナローゲイプA（FPPオフセット）

オフセットフックのなかでも、このようなゲイプ幅の狭いタイプは構造的にストレートフックに近く、口の奥に掛けやすい。カバー用のオールラウンドタイプ。このフックはＦＰＰストレートよりも軸がやや細く、スポットとの距離が15mよりも遠かったり、12ポンド程度のラインでもフッキングを成功させやすい

③オフセットフック／ワイドゲイプA（パワーステージ）

ハリ先の向きに注目。やや外向きに広がっているため、一般的なオフセットフックに比べれば口の奥に掛けやすい。欠点は、ワームからハリ先が飛び出して根掛かる可能性も高くなること。使用頻度は少ないが、やや距離のあるカバー撃ちで「とにかく掛けたい」ときの奥の手になる

④オフセットフック／ナローゲイプB（D・A・Sオフセット）

FPPオフセットと似ているが、線径が細いのでライトリグ系で多用。テキサスリグならカバー外でのライトテキサス。太いラインによる強引なファイトには向かず、細めのラインで遠投して食わせるときに優れたフッキング性能を発揮する

⑤オフセットフック／ワイドゲイプB（T・N・Sオフセット）

5タイプのなかでもっとも汎用性の高いフック。弱い力でフッキングできるので、消波ブロックなど摩擦で切れる恐れのある場所にも向く。太いラインには太軸のHDモデル推奨

しては、バスの口のなかで滑りながら刺さりどころを探す感じになるので、口のやや外側に薄く掛かるケースが増えること。ヘビーカバーに巻かれる恐れがあるときはできることなら避けたい。抜きあげてランディングするのもオススメしない。

　実際は、このほかにもフックの形状や線径（太さ）によって細かく使い分けていくので、上の5種類を参考にしてほしい。

新たなバリエーション「フリーリグ」

カバー撃ちで使うテキサスリグにはシンカーストッパーをセットすることが多い。

一方で、あえてストッパーを入れずにフォール中にシンカーとワームを分離させ、シンカー着底後にフワフワとノーシンカー状態を作り出すのが効くこともある。

その効果をさらに推し進めたのが「フリーリグ」だ。リングの着いたシンカーを遊動式にセットしてあるので、ストッパーなしのテキサスリグよりもさらにシンカーが先行して落ちていく。

たとえばドライブビーバーをセットした場合、最初は「バタバタバタッ！」と落ちていくが、シンカーが着底した瞬間にスピードが落ちて水平姿勢に変わり「フワッ……」となる。その後、ゆっくりとボトムに到達したワームを「ピュッ」と動かしてやると、まるでハゼが大慌てで逃げるように、シンカーに向かって横っ飛びするアクションが出る。

つまり、ワンキャストのなかで3種類の異なる動きが演出できるわけだ。

韓国で生まれたこのリグは琵琶湖でブームになったが、出番があるのはウイードエリアだけではない。重いシンカーを使いながらナチュラルなアプローチが可能なので、たとえばリザーバーの岩盤でミドル〜ディープまで落とし込むといった使い方も面白い。

ドライブビーバー 3.5インチ
（フリーリグ）

ドライブシュリンプ4.8インチ

ドライブビーバー 4インチ

このリグはワーム前部に水流が直接当たるので、軽いシンカーでもテキサスリグに比べて確実にアクションが出る

似て非なる「リーダーレスダウンショット」

　テキサスリグと同じようにカバーで使うアイテムとして発案されたのがコレ。ダウンショットリグのリーダーをどんどん短くしていって、最終的にシンカーとワームを一体化。そんな感じの構造になっている。

　リグの状態で市販されてもいるが、ボクはフックとシンカーとスイベルをスプリットリングで繋いで作っている。

　ダウンショットほどではないにせよ、テキサスリグに比べるとワームの動きの自由度が増すのがこのリグの持ち味のひとつ。シェイクして誘うときは同じワームを使ってもよりナチュラルなアクションになるだろう。ズル引きやスイミングでも、ダウンショット同様にフックポイントが上を向きやすいのもいいね。

　もうひとつ、カバー撃つ際にはテキサスリグより軽いシンカーを使ってもスルッと奥まで落としやすい傾向がある。フォール中はウエイトの集中した部分がいちばん下に来るので、着水点からきっちり真下に落としやすいのだ。琵琶湖のウイードエリアで多用されるのにはそういった理由によるもの。岩盤やコンクリート護岸の壁に沿ってタイトにフォールさせたいときも重宝する。

軽めのシンカーで貫通力が確保できるリーダーレスダウンショット。フローティングカバーの攻略にも向く

　さらにはシンカーが「点」でボトムに接するから感度が向上するなど、いいことずくめのようだが、シンカーウエイトを変えるのが面倒だったり、モノに挟まったときにテキサスリグよりワームがズレやすいのが短所。落とすのは楽な反面、ピックアップ時に引っかかりやすいのだ。使うワームごとに異なるフックサイズでリグを作っておく手間も必要だ。

　テキサスリグよりスキッピングさせづらいのも難点だが、タングステンよりも比重の軽いシンカー、しかもナス型を使うと少し改善されるよ。

ファーストチョイスに迷ったら？

朝、状況がわからないフィールドで、
どんなルアーを投げるべき迷ったらこのページを開いてみよう。
釣れないからといってすぐに諦めず、1〜2時間は投げ倒してみるのがオススメだ。

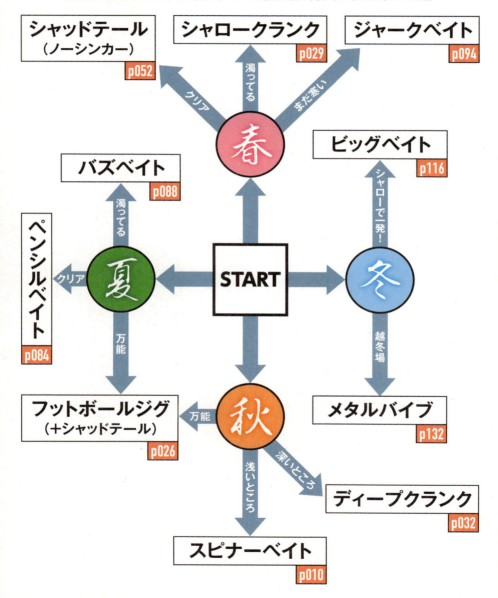

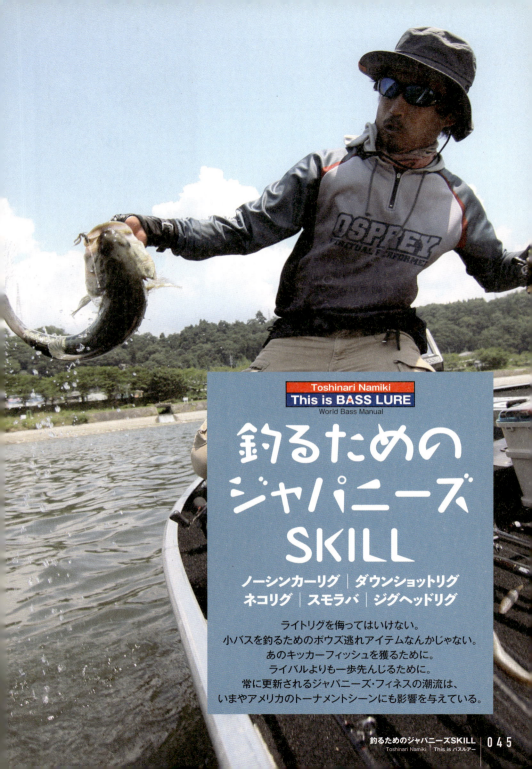

Toshinari Namiki
This is BASS LURE
World Bass Manual

釣るための
ジャパニーズ
SKILL

ノーシンカーリグ｜ダウンショットリグ
ネコリグ｜スモラバ｜ジグヘッドリグ

ライトリグを侮ってはいけない。
小バスを釣るためのボウズ逃れアイテムなんかじゃない。
あのキッカーフィッシュを獲るために。
ライバルよりも一歩先んじるために。
常に更新されるジャパニーズ・フィネスの潮流は、
いまやアメリカのトーナメントシーンにも影響を与えている。

釣るためのジャパニーズSKILL
ノーシンカーリグ
NO SINKER RIG

どんなルアーか？ ワームにフックを刺しただけのシンプルな仕掛け。英語では Weightless Rig と呼ぶ。アングラーの操作よりも、個々のワームが備えている自発的なアクションに負うところが大きい

「ノーシンカーリグ」はたしかにひとつのジャンルではあるが、使い方はセットするワームによってかなり幅がある。整理すると、以下の4パターンに分類できる。

◎フォール（落とし込む）
◎スイミング（泳がせる）
◎ジャーク＆トゥイッチ
◎その他（水面放置など）

なかでも、ノーシンカーリグならではの使用法といえるのが「フォール」。ロッドワークを使ったアングラーの意図的な操作を見飽きているバスに対し、水中を自然に漂わせることで新鮮なアプローチが可能になる。
「フォールの釣り」自体もさらに細分化できるので、まずはそれをひとつずつ紹介していこう。

4インチヤマセンコー

ドライブスティック6インチ

フォールの釣り ①ソフトスティックベイト

　この手のアイテムのなかでもっとも有名なのはヤマセンコーだろう。一見、なんの変哲もない棒状のワームを「ただ落とすだけで釣れる」という驚き！　水中でよく観察すると、実際はプルプルと微振動を発生しながらシミーフォールしているのがわかるはず。一世を風靡したワームであり、今なお日米のトーナメントシーンで活躍し続けているロングセラーだ。

　このタイプを多用するのは、おもにスポーニングシーズン。産卵の前後で動きがスローになった魚たちにとっては、フワフワとゆっくり落ちてくる物体は追いかけなくても食べやすい格好の捕食対象。また「水温が上昇傾向」にある時期でもあり、多くのバスがボトムではなく宙層にサスペンドするタイミングとも重なっている。

　基本的な使い方は、ストラクチャーや障害物に沿ってタイトに落とすだけ。ただし軽いリグなので、混みいったベジテーションの奥にねじ込むといった技は使いにくい。カバーをねらうなら、内部ではなく「カバー際」が担当分野だ。

　この釣りの最大のコツは、フォール中にしっかりとラインをたるませること。テンションが掛かると自発的アクションを伴ったスローフォールの妨げになり、バスが違和感を察知して食うのをやめてしまうかもしれない。

　なお、落とすだけでも効果的だが、ドライブスティックを使う場合は着水後やボトムでトゥイッチさせてダートアクションで誘う、といった複合的なアプローチもできる。

ノーシンカーリグが効くかどうかの目安になる「水温の上昇傾向／下降傾向」。晩秋〜冬にかけて、あるいは夏でも急に冷え込んだタイミングでは使用頻度が減る

ドライブスティック4.5インチ

ドライブシュリンプ4.8インチ

1.2gくらいのネイルシンカーを挿入

フォールの釣り ②バックスライド系

　夏を中心に活躍するのが「バックスライド系」と呼ばれるジャンル。着水点から斜めにスライドして落ちていくのが特徴だ。
　なぜこの時期に有効かといえば、バスが日陰を求めてカバーの奥に潜り込むから。真下に落ちるスティックベイト系のノーシンカーだけでは、ルアーをバスの鼻先に届けづらいのだ。
　もちろんラバージグやテキサスリグを使って直接カバーのシェードを撃つこともできるわけだが、先に挙げたとおり、この時期はバスが表層近くに浮いていることが多い。すぐに落下してバスのいるレンジから離れてしまう重いリグよりも、プロ

プールで実験したところ、バックスライド系の多くが実は「あんまりスライドしない系」であることがわかった。ラインの太さによる変動も大きく、12ポンドならスライドするが16ポンドだと皆無、なんてことも。投げる距離が遠いと余計にスライドしづらいので、太めのラインで使うときはできるだけ近距離から撃つように心がけている

◎バックスライド系の基本操作

最終的にはカバーに絡めて撃ち込んだりもする

まっすぐ落とすだけならソフトスティックベイトやノーシンカーワッキーでもいい

バックスライド

①カバーやシェードの「エッジ」から投入。ラインが枝などに絡まないように注意する
②ラインをしっかりたるませてスライドフォールさせる。細いラインで近距離から落としたほうがスライド幅は稼げる
③バイトはフォール中に出ることが多い。浅い場所なら着底後にズル引きするのもあり

ギル型ワームのバックスライドセッティング。端に3g程度のネイルシンカーを入れると尾ビレが動く。ラインのヨレ防止にスイベル＋リーダーを使用

ドライブSSギル3.6インチ

ダクティブゾーンに長く留まってくれるノーシンカー、なかでもバックスライド系の有効性が高まるのは当然だろう（あえて重めにしてストンと落とす場合も、もちろんある）。

　フォール中にラインスラックを出すのはもちろん大事だが、バックスライド系の場合は「落とすスポット」にも気をつけたい。水中でスライドしながらバスの居場所に届けるイメージで、カバーやストラクチャーの外側のエッジから入れていく。その際、ラインがどこかに絡んでいるときれいにスライドしないので注意してほしい。

近距離から力強くフッキングできるときはストレートフックを使う（「テキサスリグ」p41参照）。口の奥に深く掛けやすい

水面付近には障害物があるが、その下は単なるシェードだけ。こんなスポットこそバックスライド系の出番。ボトムにカバーなどがあれば、シンカー付きのリグでも追いかけていって食ってくれるかもしれない

8ポンドラインに結んだドライブスティック3.5インチ。弱い力でも掛けられるようにオフセットフックを合わせた。ラインが細いとヘビーカバーを攻めづらいが、ワーム本来の動きを阻害せずバックスライド幅も大きくなる

バックスライド系は基本的に「落とすだけ」のルアーだが、ドライブスティックは誘ったときにも「ブルブルッ！」とボディーがしなってネコリグ的な波動を出せる

釣るためのジャパニーズSKILL［ノーシンカーリグ］　049

フォールの釣り ③ノーシンカーワッキー

アプローチはきわめてスロー。しかし、どんなルアーにも反応しないスレ切ったバスに口を使わせるという点において、ズバ抜けた能力を発揮するのがこの「ノーシンカーワッキー」だ。

ストレート系など、おもに細長い形状のワームを使い、ボディー中央にフックを刺す。「奇抜なヒト」を意味するWackyという単語からこのネーミングが生まれた。

ゆっくり落ちてナチュラルに誘えるのは先に挙げたソフトスティックベイトやバックスライド系と同じだ。「ワッキー」にする意味はどこにあるのか？

ひとつめは、引っぱったときの移動距離をセーブできるという点。たとえ同じワームを使っていてもワッキー掛けにしたほうが水の抵抗を受けるからだ。風や流れで意図せずラインが引っぱられたとしても、ノーシンカーワッキーのほうがねらったスポットからワームが外れにくくなる。

もうひとつは「誘い」「焦らし」といった小技が可能になること。細長いワームの両端をクネクネと動かし、複雑に水を撹乱するアクションは、ほかのノーシンカーリグにはできない芸当だ。テイストこそ違うが、スモラバのように複合的な水流が生じているからこそ見切られづらく、ハイプレッシャー下での

ノーシンカーワッキーは「フックの位置」に注意。落としたときに水平姿勢でフォールし、引っぱっても回転しない位置を探そう。ドライブクローラーならハチマキ部分の中央に目印が設けられている

ノーシンカーワッキー『焦らし』アクション

ほかのノーシンカーと比べて大きく水の抵抗を受けるため、移動距離を極端に抑えながらプルプルフワフワと動かすことが可能。確実にバスがいると思えるスポットやサイトフィッシングで強力な武器になる

ドライブクローラー 3.5インチ

5インチヤマセンコー

HP 3Dワッキー5インチ

最終手段になりうるのだとボクは考えている。

　障害物の奥にバスが入ってしまったらバックスライド系に分があるが、ワッキーが活躍するのは、たとえばカバーのない岩盤や橋脚のシェードを撃つ場合。細いラインと小さなフックでバスに違和感を与えず、ワームの動きを妨げず、軽い力でフックアップできる。

　「オープンなシェードにはノーシンカーワッキー」という定石を覚えておこう。

　ワームのサイズ感は、全国平均で考えるとしたらドライブクローラー 4.5インチが基本かな。関東のハイプレッシャーレイクなら3.5インチも必須だろう。

　逆にビッグなワームだからこそ口を使う局面もある。たとえば水深のあるリザーバー、ウイードやパッドエリア、大きめのカバーまわりやマッディウォーターでは6.5インチや9インチのアピール力が抜群に効いたりするのだ。

食わせに特化したノーシンカーリグを、さらにスローに扱う究極の方法が「ラインをボトムに隠す」というテクニックだ。フロロカーボンラインは水より重いので、しばらく放置しておけばボトムに張りつくように沈む。そこからやっと勝負開始。ズル引いたりシェイクで誘ったりしても、水中をラインが横切っていないから違和感ゼロ。かなりガマンを強いられる釣りだけど（笑）

背後に見える岩盤沿いで潜っていくバスを発見、ドライブクローラー 3.5インチを沈めるとすぐにラインが走った。サイトフィッシングでもノーシンカーワッキーはかならず試したいアイテムのひとつ

スイミングで探るシャッドテール系

　表層から宙層にかけて広範囲を探るときに多用するノーシンカーリグのスイミング。おもに使うのはシャッドテール系のワームだ。カーリーテール系などを使うと、泳ぎが安定しづらくてクルクル回転しやすい。

　スピナーベイトやミノーなど、横方向に探れるサーチベイトはほかにもいろいろある。そういうルアーにバスがすっ飛んでくるなら、そっちのほうが勝負が速い。

　ただし獲物を見つけてもバスがゆっくり追尾するようなときは、ハードルアーだとミノーのトゥイッチ&ポーズか、I字系の超スローなものしかチャンスがない。あとはこういうワームの出番だ。

　テールが水を掴んで左右にスイングしながら、ボディーもロールの動きが入る。繊細かつ多彩なアクションだからバスが実体を掴みづらいんじゃないだろうか。

　アプローチ面から見ると、きわめてスキッピングさせやすいのも魅力のひとつ。オーバーハングのいちばん奥まで投げ込んで、そこから横に引っぱってこれるハードルアーってほとんどないからね。バスがシェードに浮きやすい高水温期に効くアイテムだから、なおさら使い勝手がいい。

　基本の使い方は一定スピードでのタダ巻き。ゆっくり巻いたり、ときには水面でバズベイトのように引くこともある。姿勢を安定させやすいオフセットフックを合わせることが多くて、

ドライブシャッド4.5インチの場合、通常は#5/0サイズのオフセットフックを使う。ただしタフな釣り場であればひとまわり小さな#4/0に変えてより目立たなくさせることも。ノーシンカーリグに限らず、フックの目立つすべてのリグで有効なアレンジだ

ドライブシャッド6インチ

ドライブシャッド4.5インチ

このルアーはフォールも得意。ボディーはロール、テールはスイングしつつなまめかしく落ちる

少しレンジを下げたいときはボディーにネイルシンカーを入れるか、ウエイテッドフックを使うのも手だ。

　細身のシルエットと泳ぎを見ればわかるとおり、小魚を追っているバスに効果が高い。そのときどきのメインベイトを観察して、似たようなサイズ感のワームをピックアップしていこう。

　たとえば、10cm前後のオイカワを食っているならドライブシャッド4インチから入るだろうし、5cmに満たないワカサギの稚魚が多ければHPシャッドテール2.5インチを結ぶ。

　エビやゴリなどをおもに捕食している霞ヶ浦水系にはドライブシャッド3.5インチがベストマッチ。この場合、メインベイトより明らかにボリュームがあるけれど、水の透明度などを考えるとこのくらいのアピール力がちょうどいい。

　特殊なパターンとして、真冬に6インチクラスの大型シャッドテールを使うケースもある。シャローに残った大型のバスをスローに、かつ大きなシルエットで反応させる。ビッグベイト的な用法といえるだろう。

　なお、横に引いて使うノーシンカーの一種「I字（アイジ）系」については130ページで。

HPシャッドテール2.5インチ

HPシャッドテール4.2in
通常のセッティングからテールの上下を逆にしたもの。速巻きでも浮き上がりづらく、水平フォールと自発的な振動が出せる

ドライブビーバー4インチ
ボディーに1.3gのネイルシンカーを刺した「淀川リグ」。巻くとバサロアクション、スライド＆スパイラルフォールも

HPミノー 3.1インチ

ドライブスティック4インチ

水面でシェイク&リトリーブ用。オートマチックなジグザグアクション

ドライブスティック3インチ

スイッチを入れるソフトジャークベイト

　タダ巻きで探るシャッドテールはとても効率のいいサーチベイトだが、それではダメなとき、追ってくるけれどいまいちスイッチが入らないときに「ジャーク&トゥイッチ」を試してみよう。

　この釣りは特にクリアウォーターで効きやすい。たとえばボトムが丸見えのバックウォーター。晴天無風だったりするとハードルアーは見切られて論外だし、普通のアングラーならバンク沿いをサイトしながら釣っていくだろう。それで反応がないと「このエリアにはバスがいない」と判断しがち。

　だけど実は流芯とか、ボートの真下のブレイクにバスがいたりするんだよね。そういうとき、岸際にボートを寄せてソフトジャークベイトで対岸までフルキャスト。流れを横切らせながらトゥイッチしていると、川のど真ん中で下からドカンと出たりするのだ。

　ロッドワークを入れたときのアクションが大事なので、ドライブスティックのようにきれいにダートするワームを選ぼう。

　トゥイッチやジャークの回数はまちまちだけど、ハードルア

ジグヘッド用のフックをドライブスティックに合わせた特殊なセッティング。タダ巻きまたはトゥイッチしながら水面を引く

こんなシチュエーションで試したいノーシンカーのジャーク&トゥイッチ

ーのジャークベイトに比べると連続的に操作することが多い。そのほうがより遠くのバスに気づかせることができ、スイッチを入れるきっかけも増やせる。

　ボイルが起こっているときは、わざとスキッピングで着水させるのも効果的。その後にシェイクしながらの速巻きでベントミノー的なパニックアクションを演出するのもアリだ。

　さらに細かく見ていくと、ダートさせる距離も水質によって微調整したほうがいい。クリアウォーターなら強めのロッドワークで30cm以上飛ばしてもいいけど、透明度の低いところで動かしすぎるとバスが見失うかもしれない。20〜30cmをベースに、ときには「チョン……」と数cm移動させるだけのソフトなトゥイッチが効くこともある

水面の「ピクピク&ヨコヨコ」

　セッティングはノーシンカーワッキーと似ているが、水面で「焦らし」アクションを行なうためのテクニックが「ピクピク」だ。

　使うのは浮くワーム、あるいは浮力体をセットして水面で使えるようにセッティングしたもの。これを文字どおり水面で「ピクピク」させる。

　ねらいは虫ルアー（93ページ）にも似ているが、ピンスポットで誘うだけでなく、オープンな水域で横方向に引いて誘うことも多い。

　この釣りが効くタイミングとして、よく知られているのは春のワカサギの産卵シーズンだ。弱って水面に漂う食べやすいエサをイメージして、ワカサギに似たシルエットのワームを「ピクピク」させる。特に風でベイトが吹き寄せられるようなストレッチで効果的だ。オイカワが表層に多いときも効く。

　そのほかにも、表層にバスがいるのにクリアすぎて見切られる、沈むルアーは無視される、といった状況で試してみるといい。ベイトを追ってさかんにボイルしているときはトゥイッチなどの速い動きもいいが、表層でやる気なさそうにボケーッと

ノーシンカーリグ全般の注意点は「釣りのテンポが遅くなりがち」なこと。明らかにバスがいるけれど食わないとか、その日の状況がわかったうえで繰り出すならいい。しかし、まだいろんなエリアをチェックする前からいきなりノーシンカーで「食わせ」「焦らし」に走るのは考えものだ

マイラーミノー 3.5インチ
波があってワームが沈みがちなときは浮力材(ネイルフロート)を使用。わずかに沈めたほうが食うときは外す

①シェイクしながら引くと……?

ヨコヨコアクション

②こっちに横滑りする

ドライブスティック 4.5インチ

　しているときこそ、こういうスローな「焦らし系」が効く。
　浮くものだけなく、塩入りの高比重系ワーム(ドライブクローラーやドライブスティック)もアリ。ロッドを立てながらシェイクすれば水面をキープするのは難しくない。浮くワームより一層強い波動が出せるし、フォールをまじえてバイトに持ち込むアレンジも可能。
　また、フックを刺す位置を変えれば水面でピクピクさせながら横にスライドさせるという「ヨコヨコ」アクションも可能。これを利用してシェードの下に潜り込ませるといった使い方も面白い。

釣るためのジャパニーズSKILL
ダウンショットリグ
DOWNSHOT RIG

どんなルアーか？ ワームから離れた下部にシンカーをセットしたリグ。エサ釣りの胴突き仕掛けと同じ構造。ベイトタックルで扱うものは「ヘビダン（ヘビーダウンショット）」と呼ぶことも。

ドライブクローラー4.5インチを使ったヘビダンでヒット（千葉県・亀山湖）。立ち木など根掛かりの多いところではベイトタックルがいい

TN的ダウンショット史

　ボクがアメリカのトーナメントに初参戦したのは1995年。その前年に日本でアングラーオブザイヤーを獲得した（JBジャパンプロシリーズ）。そのころはまだ、ダウンショットリグを試合で使っているアングラーは日米ともに皆無だったと思う。

　のちに「並木はひそかにダウンショットを使っていて、だからタイトルを取れたんだ」という話が出回ったらしいが、それは完全にデマです（笑）。当時メインにしていたのはスピナーベイトやラバージグ、テキサスリグなどで、ライトリグもジグヘッドが中心。タイトル獲得に貢献したバスのうち99％はこれらのルアーによるものだ。

そして残りの１％は……一度だけ、河口湖の試合で「ダウンショット風の仕掛け」を投入したことがある。しかもキスザオを使って。

ボクはバスフィッシングにかぎらずいろんな魚種の釣りが好きだ。そこからインスピレーションを得ることも往々にしてある。

たとえばメバルやカワハギのように、おもに宙層で生活する魚をねらうときは「胴突き仕掛け」がよく使われるよね。オモリが仕掛けのいちばん下にあるから、着底させてもハリは宙層で浮いた状態を保てる。よって、魚の目の前にエサをプレゼンテーションしやすい。

であれば、ウイードの上にサスペンドしているバスをねらうときも同様のリグが効くのでは？　そう考えて作ったのが胴突き仕掛け風のリグ、今でいうダウンショットらしきものだったわけだ。

フックポイントが上を向きやすい

フックを結んだあと、余ったラインをアイの上から下へ通して「リーダー」にする

これはリーダーの端に結びコブを作ってダウンショット用シンカーを引っかけた状態。ウエイト交換しやすいが、セッティングが決まったら結んでしまったほうがいい

シンカーとワームが離れているダウンショットリグ。エサ釣りでは定番の「胴突仕掛け」と同じ構造だ。フックからシンカーまでのラインを「リーダー」と呼び、この長さがワームの動きにも影響してくる

そうして迎えた河口湖のトーナメントではワカサギを捕食するバスをねらった。ボトムにいるときはジグヘッドリグでも釣れたんだけど、浮いている魚は「ダウンショット風リグ」のほうがバイトが出た。キスザオを選んだのはソリッドティップが使いたかったから（当時はバス用スピニングに存在しなかった）。このふたつのアイテムのおかげで、船団のなかでも釣り勝つことができたんだ。

余談だけどその翌年の春、琵琶湖を訪れたときにオカッパリアングラーがみんなロングリーダーの「常吉リグ」（村上晴彦さん考案、ダウンショットの元祖）を使っているのを見て驚いた記憶がある。春だからボトムの水が冷たくて、バスが浮いている。だけどフォールや横の動きには反応しない。そんな局面で威力を発揮したのが、宙層でワームを止めておける「常吉リグ」だったというわけ。

ディープ攻略もダウンショットリグの得意分野だ。３〜４ポンドラインのスピニングタックルなら深いレンジできわめて繊細なアクションが演出できる（神奈川県・相模湖）

ダウンショットの「三大」主成分

　もちろん「宙層にワームを止めておく」ことだけがダウンショットリグの長所ではないよ。むしろこのリグの特性のごく一部にすぎない。
　次に重要なのが「ワームの多彩な動きが出せる」という点だ。
　まず、テキサスリグをシェイクしながらズル引くようすをイメージしてほしい。ボトムの起伏に応じてテールが震えたり、引っかかってピョンと跳ねたりするだろう。
　とはいえ、ワームの頭の部分はシンカーとくっついて、実はそれほど自由が効かない。ほぼ常にアングラー側を向いて動き続けるはずだ。
　対するダウンショットリグはどうだろう。テールやボディーだけでなく、頭の部分もシンカーによる制限がないから、かなりフレキシブルに動く。うまいぐあいにロッドワークとポーズで操作すると、ワームをクルッと「まわれ右」させることだって可能だ。
　つまり、ダウンショットリグにセットすることでワームの動きの自由度が上がって、本来備えているアクションを最大限に

ボトム付近を釣るイメージのときはリーダーを短くする。ここに重ためのシンカーを合わせると、ワームの動きがよりクイックになる

◎ダウンショットリグの特性

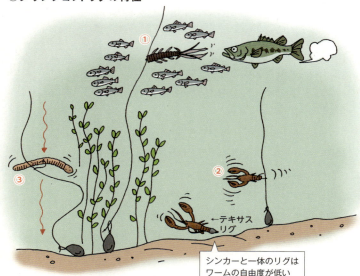

①シンカーをボトムに付けたまま宙層で止めたり誘ったりできる
②同じワームでもシンカーの制限を受けづらく多彩なアクション
③ある程度の水深まで一気に沈め、そこからスローフォール

シンカーと一体のリグはワームの自由度が低い

相模湖のバックウォーターで釣った50cmオーバー（ドライブシュリンプ3インチ）。背後に見える橋脚をねらっており、ボトムに根掛かるようなカバーがなかったのでスピニングタックルのダウンショットでアプローチしていた

引き出すことができるわけだ。

そして3つめ。

「深いレンジへ"すばやく"ワームを送り込み、なおかつ"スローに"存在を見せつける」

これもダウンショットリグの存在意義のひとつだと思う。

たとえば水深10mのボトム付近にバスがいるとする。しかもテキサスリグやラバージグ、ネコリグといった「一気にボトムまで落ちるルアー」には反応がなかった。

もう少しスローに見せたほうが食いそうだ。とはいえ、ノーシンカーやスモラバ、ジグヘッドワッキーを水深10mまでゆ～っくり落とすのは……正直キツイ。

そんなときに便利なのがこのリグだ。一気にボトム付近まで沈めて、シンカーの着底後はリーダーの長さを利用してフワフワとワームを落としてもいいし、少しボトムを切った状態で誘ったり、スイミングもできる。キャロライナリグ（p127）もワームの自由度などは似ているけれど、よりダイレクトに操作できてピンスポット攻略を得意とするのがダウンショットリグだといえるだろうね。

ボトムから少し浮いたレンジにベイトフィッシュが映った。そんなときはリーダーを30cmくらいまで長くして、ボトムから離れた位置でワームを操作してみる

基本のセッティング ①スピニング編

　ダウンショットリグは選択肢が多い。ワームとフックのほかに、リーダーの長さとシンカーの組み合わせを考えなくてはならない。「スピニングか？ベイトで使うべきか？」も大きな問題だ。

　ここでは、ボクの考えるもっともベーシックで応用の効くセッティングを紹介しておこう。

　まずはスピニングタックル用。ラインは4ポンド前後でいいだろう。想定するスポットはカバーのないバンクや岬まわり、岩盤、ブレイク、ディープフラットなど。混みいった障害物がないところであればOKだ。

　＃2サイズ程度のオフセットフックに、ワームはドライブシュリンプの3インチ。シンカーは1/16オンスで、リーダーは20cmにしておこう（右ページのリグ）。

　なぜこの組み合わせを選んだか。

　まずワームの種類を見ていくと、全国的に時期を問わずバイトが望めるのは3インチクラス。いろんな選択肢があるし、フィールドのコンディションがよければ、何を選んでも大きな差はつかないかもしれない。

　たとえばリフト＆フォールやスイミングでテンポよく探っていくなら、テールアクションで軽快に誘えるHPシャッドテール2.5インチなんかも大アリだと思う。

　そんななかでドライブシュリンプを選んだ理由は、まず「小魚にもエビにも見えるシルエット」だから。どちらを捕食しているバスにも効果的だ。細かいパーツが多いのでロッドワークを駆使したシェイク、すなわち「焦らし」のアクションが演出

リーダーが50cmだからといって、ワームが常にボトムから50cm離れているわけではない。ラインはたいてい水中で斜めになっていることを考慮しよう。ときには1.5mくらいまで長くして、ボトムにバラバラと生えた高さ1mのウイードの上を釣ることも

スピニングタックルでフッキングを重視するときは、ハリ先を隠さずにセットするという方法もある

しやすい。テンポよく釣るのも、ピンスポットでじっくり誘うことも両立できるワームだ。

シンカーウエイトについては、4ポンドラインなら1/16オンスで水深10mくらいまでは楽にボトムが取れるはず。風や流れが強くてボトムが取りづらければワンランク重い1/13オンス、フワフワと浮かせ気味のほうが釣れるなら1/20オンスに変えてもいい。

リーダーの長さはそれほど厳密に考えなくてもいい。15cm以下だとワームの動きがキビキビしすぎてナチュラルさに乏しく、30cm以上だとキャストしづらかったりするので、まずは20cmくらいが扱いやすいと思うよ。

基本のセッティング ②ベイト編

カバーまわりなど、やや太めのライン（8ポンド〜）が使いたいときはダウンショットをベイトタックル（またはベイトフィネス）にセットする。通称「ヘビダン」。おもに3.5〜10g程度のシンカーを使うことが多い。アベレージサイズがデカく、太軸のフックでしっかり掛けたいときもベイトが有利だ。

この場合もいろんなバリエーションがあるなかで、特にヘビダンらしさの出る2種類を紹介しておこう。

まずはドライブスティック3.5インチ。小魚ライクなシルエットで、シェイクやズル引きではテールを震わせつつ、ボトムの変化でハングオフさせる

◎ダウンショットリグ・基本の3パターン

ベイトタックル用

ドライブスティック3.5インチ
ズル引きだけでもGOOD。重めのフックのほうがフォールアクションがきれい

スピニング用

ドライブシュリンプ3インチ
スピニングタックルで使うならコレ。動きのバリエーションが多彩

リアクションダウンショット用

HPシャッドテール3.1インチ
小刻みなリフト＆フォールでリアクションさせる

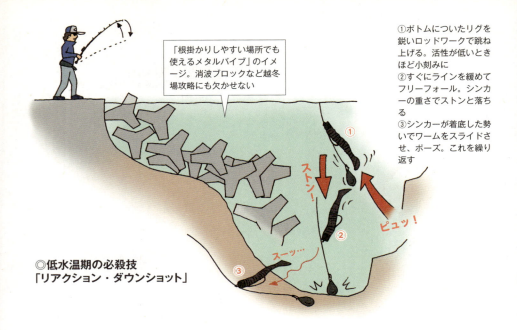

①ボトムについたリグを鋭いロッドワークで跳ね上げる。活性が低いときほど小刻みに
②すぐにラインを緩めてフリーフォール。シンカーの重さでストンと落ちる
③シンカーが着底した勢いでワームをスライドさせ、ポーズ。これを繰り返す

「根掛かりしやすい場所でも使えるメタルバイブ」のイメージ。消波ブロックなど越冬場攻略にも欠かせない

◎低水温期の必殺技
「リアクション・ダウンショット」

とイレギュラーなダートアクションが出る。フォール時の動きも魅力的だから、リーダーはやや長めの30センチぐらいにして、ポーズ&スローフォールを混ぜて使うといい。10ポンドラインと5gシンカーの組み合わせなら、シャローから水深5mくらいまでカバーできるだろう。

もうひとつ、低水温期に絶大な効果があるのが「リアクション・ダウンショット」。ボトム付近でメリハリのあるリフト&フォールを行ない、動きの鈍ったバスに反射的にバイトさせるためのセッティングだ。

この釣りに最適なワームはHPシャッドテール。どんなフィールドでもオーソドックスに使えるのが3.1インチだろう。ややボテッとしたフォルムは、水中で動かすとダボハゼやヨシノボリそっくりに見える。

リーダーは短めの15cmで、シンカーは7g（8〜12ポンドライン想定）。重めのシンカーを使うことで着底直後に「ブルブルッ！」とテールが震え、同時にノーシンカ

ダウンショットシンカーの代表的な2タイプの形状。ナス型（左）は感度に優れ、小粒なので見た目の違和感も減る。スティック型（右）はリップラップなど硬いすき間に挟まりづらい

一状態でスライドフォールする。これより軽いシンカーではどうしても「フワッ……」と落ちてしまうのだ。

ドライブシャッド3.5インチなら10ｇ〜、HPシャッドテール2.5インチなら5ｇが目安だ。

ワームを使ったリグでありながら、メタルバイブ（p136）的な要素を含むメソッド。しかもメタルバイブより断然根掛かりに強いから、オカッパリでも重宝するリグだ。

ドライブクローラー 5.5インチ
移動距離を抑えた「焦らし」アクションがねらえるワッキー掛け仕様。ボワンボワンとビッグベイト的なボリューム感を出せる大きめのワームも合う

杭を撃つのもヘビダンの代表的な使い方のひとつだ。タイトに落としつつ、ボトムから少し浮いたバスに見せてステイさせたり誘ったりできる

レイダウンは近寄ってテキサスやジグで撃つまえに、遠めからヘビダンで探るのも有効だ。周囲に沈んでいる枝の状態を探りつつ、遠くからでも繊細なアクションで誘える。また、枝にシンカーを引っ掛けて止めればフォールやスイミングで釣れないバスにもアプローチしやすい

釣るためのジャパニーズSKILL
ネコリグ
NEKO RIG

どんなルアーか？ ワームの一端にネイルシンカーを挿し、マスバリ型フックをボディー中央付近にセットしたもの。ストレートワームが使われることが多い。

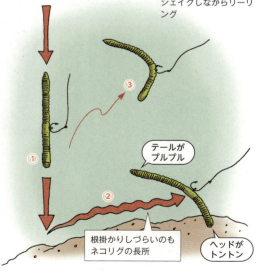

ジャパニーズ・リグの双璧

　いろんなワームの可能性を広げたのがダウンショットリグだとしたら、ストレートワームの使い方を決定的に変えたのがこの「ネコリグ」だと言えるだろう。どちらも日本のバスフィッシングシーンから生まれたニュージェネレーションだ。

　まずは、このリグを使うべきシチュエーションを整理しておこう。

　「ワームを落とすだけでバイトが出る」状況なら、ネコリグの必要性は低い。ネコリグで釣れるかもしれないけれど、たぶんきっとほかのリグでも釣れる。スローに落とせるノーシンカーのほうが、特に夏のあいだはバイト数が増えるかもしれない。

　しかし「落としても一発では食わない」とき——バスの活性が低かったり、ドロ濁りでカバーにへばりついていたり、一般にタフといわれるコンディション——であれば、ネコリグという選択肢が急浮上する。

　なぜかというと、このリグはロッドワークで操作することで魅惑的なアクションが生まれるアイテムだから。ワームの中ほどにフックが来るので移動距離を押さえやすく、スローなバスの近くで延々とシェイクして、だんだんイラつかせて……「パクッ！」という反

①抵抗値が少ないストレートワームなので真下に落ちやすい
②着底後はボトムに沿って引くのが基本。ロッドティップを揺すりながら変化を確かめるように引いてくる
③宙層を泳がせる場合はシェイクしながらリーリング

テールがプルプル

根掛かりしづらいのもネコリグの長所

ヘッドがトントン

テキサスリグやラバージグなどを試したうえで「それでも食わない」とき、カバーに投じるアイテムがネコリグだ。ダウンショットリグでは密集したスポットを貫通できないし、スモラバは濁ったときに存在感が消えてしまう

応が期待できるわけだ。ボクにとってはハイシーズンよりも低水温期の印象が強いリグだね。

　もちろん前段で紹介したダウンショットリグも、シンカーを引っ掛けて一点シェイクなどすればスローな誘いは可能だ。ただし決定的に違うのが「動かしている水の量」。

　たとえば同じストレートワームをダウンショットとネコリグにセットして比べれば、後者のほうが断然、強いアピール力が生まれる。マッディウォーターやカバーまわりで多用されるのにはそういった理由もある。

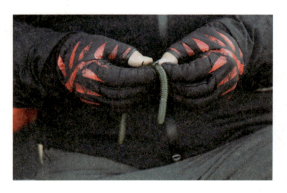

手袋の恋しい季節が近づくにつれ、ネコリグの出番は増える。ただし「細いワームにネイルシンカーを埋め込む」という構造上、極端に重いウエイトを背負わせにくいので、真冬はさらにリアクション効果の高いダウンショットに比重が移る

本能を揺さぶるストレートワーム

バスはストレートワームが大好きだ。断面が小さいから長さのボリュームはあまり気にしていないのかも？

　そもそもバスは「ストレートワームが好き」なのだと思う。これまでの経験を振り返ってみると、そう考えなくてはつじつまの合わないことが多い。あんな大きさのミミズがほいほい水中にいるわけもないし、ほかの何かのエサに似ていると思えないけれど、なぜか反応してしまう。本能的に口にしたい形状とアクションなのかもしれない。

　そんなストレートワームをネコリグにセットすると、フォール中は縦になるから水の抵抗が減って「スーッ」と速い動きが出やすい。しかしボトムに着いた途端に「ボヨンボヨン……」と、まるで違う動きに変わる。

　このメリハリも、ネコリグにバスを反応させるためのトリガーになっているのではないかとボクは考えている。

ワームの中央にフックを掛けるのでノーシンカーワッキーとも似ているが、ネコリグはテールに加えてシンカーの入ったヘッド部分がより力強く水を叩く

　一方、ネコリグが不得意なのは、宙層を泳ぐタイプのベイトフィッシュにバスが照準を合わせているとき。ワカサギやオイカワ、アユなどを追い掛け回している状況下でネコリグがハマった記憶はほとんどない。アクションの質がベイトフィッシュとはかけ離れているせいだろう。

　どちらかと言えばネコリグは甲殻類がピュンピュン逃げる動きを連想させるようで、エビ食いのバスをねらうときはド定番になっている。

　根掛かりもしづらいリグなのでボトムでの釣りが基本。とはいえ、バスがボーッと宙層に浮いてやる気のないときは、シェイクしながらネコリグを巻くテクニックもある。

真夏のバックウォーターでの釣果（神奈川県・相模湖）。橋脚をねらいつつ、スイミングやフォール中もバイトを得やすいカーリーテールの付いたワームを選んだ

ネコリグのワーム選びで見逃されがちなのが「水中での姿勢」だ。浮力がありすぎると垂直になって生命感がないし、横倒れしすぎても水を押す効果が薄れる。ここに紹介したワームはちょうどいいバランスで動くように設計している

ドライブクローラー4.5インチ

　塩入り高比重でノーシンカーでも自発的に動くストレートワーム。こういったタイプのなかではやや柔らかい素材を使っていて、表面がリブ状なので、細かいロッドワークにも敏感に反応してくれる。たとえるなら「トロトロに仕上がったアタリポーク」のようなテイスト。フッキング性能も良好だ。
　カバーを釣ったり、低水温期などバスのそばにアプローチしてスローに誘うときはまずこれからスタート。サイズ展開も3.5〜9インチまで豊富だ。
　ボクはダウンショットやＩ字系、キャロライナリグなどでも多用するので、ネコリグで使うのは全体の1/3くらいだろう。

ドライブカーリー4.5インチ

ネコリグワーム
基本の 3 態

　普通のネコリグは「ストン」と落下するので、その途中でバイトが出るケースは意外と少ない。そこをバイトチャンスに変えるための工夫が、このふたつのカーリーテール。お互いが絡むことなくヒラヒラとフォールして、スイミングでも艶めかしく動く。ボトムを這わせるとテナガエビのハサミのようにも見えるね。
　ドライブクローラーと同等のソフトな素材だが、より扁平ボディーなので水の抵抗を受けやすく、移動距離が少なくできる。「ここボトムが硬いな、少し止めよう」ってときにしっかり食いついてくれる。
　なお、写真はカバー撃ち用のＮＳＳフックを装着したもの。ワッキーチューブを使ってフックを貫通させると障害物に絡んでもズレづらくなる。

ここにネイルシンカーを挿入

HP 3Dワッキー5インチ

　スプリットテール型のワーム。昔からスピナーベイトトレーラーなどでよく見る形状を、ネコリグ用にブラッシュアップした。ＪＢトップ50プロ小林明人さんのこだわりが詰まったアイテムだ。
　上の２点との最大の違いは「素材」。かなり張りが強く、ピッチが細かくてバスを寄せる力の強い振動が出る。ドライブクローラーが「ブルブルブル……」なら、こちらは「ピリピリピリ……！」という感じだ。宙層をハイピッチシェイクで泳がせるなど、ハイシーズンの攻撃的なアプローチにも向く。
　二又になっているのは「ストレートワームの房掛け」をひとつのアイテムで演出するため。枝などに吊るして上下動させると毎回違う方向へスライドフォールする「３Ｄ」なアクションも得意だ。

フッキング性能と見た目の兼ね合い

　テキサスリグなどに比べれば、ネコリグの適切なフックサイズは直感的にわかりづらいかもしれない。ワームが小さければ小さく、太かったり長ければフックも大きくするのが基本で、まずはここにある写真を見てだいたいのバランスを感じとってほしい。

　ただし、ひとつのワームに対して常に同じサイズのフックを使うとは限らない。もっともオーソドックスなドライブクローラー4.5インチで考えてみよう。

ワッキーチューブを使ってフックをセットしたところ。ボディーに直接刺すと、フッキングはよくなるがキャストで千切れやすい

　前ページの写真では♯1サイズ（パワーワッキー）を装着しているが、これはベイトフィネスタックルでの使用を想定している。使うラインが8～10ポンドくらいなので、やや軸の太い大きめのフックでないとフッキングで伸びたりする恐れがあるからだ。

　これを4ポンド程度のスピニングで扱うなら、ひとまわり小さい♯2サイズが合うだろう（一般的なフックはサイズが下がると軸も細くなる）。

　さらに繊細に釣りたいときや、バスがフックの存在すら見切っているように感じたら、より細軸で弱い力でもフックアップできるDSR132の♯2に変えていく。

　一方、ヘビーカバーにねじ込むためにNSSフック（前ページ中段）を使うなら♯1/0～2/0で、これより小さくすることはない。フックの大半がボディーに埋め込まれる形状なので、大きくないとワーム自体がフッキングの妨げになってしまう。

　まとめると、小さくすればするほど違和感は減るが、そのぶんスッポ抜けやミスの可能性も高くなるわけだ。

　宙層で3Dワッキーをスピーディーに泳がせるなら、常に動いてるぶん見切られづらいのでフックは大きめでいいし、逆に見えバスの鼻っ面に落として焦らすなら可能なかぎりフックは目立たなくしたい。

根掛かりの可能性がある場所ではガード付きのフックを使用。市販品でも厳しい場所ではブラシガードを手巻きしたものを使う。ボディーに埋め込むタイプよりもワームの持ちがよく、フッキングも決まりやすい

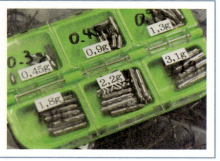

ネイルシンカーの重さ
3～4インチクラスのネコリグを使う場合、スピニングタックルならネイルシンカーは1.3gが基準。4ポンドラインで水深8～10mぐらいまでボトムが感じ取れるはずだ。一方、カバー撃ちでベイトフィネスタックル（10～12ポンドライン）のときは2.2gがベース。いずれもその前後のウエイトを揃えておくといい

ボクのフィッシングスタイルでは、暖かいシーズンに「オープンウォーター」でネコリグを使うことは少ない。それよりも先にやるべきことがあるからだ。

クランクやミノー、シャッドを通したり、ワームを使うにしてもシャッドテールを巻いてみたり。こういう時期にオープンウォーターにいるのはエサを追うアクティブなバスであることが多くて、ネコリグでネチネチやるのがストロングなパターンになるとは考えにくい。

しかし、ハイシーズンでもカバーには「やる気のないニュートラルな魚」が入ってくる。食い渋ることも多いので、ネコリグで撃つ意味が出てくるわけだ。透明度が高ければスモラバが有利だが「濁ってタフなカバーにはネコリグ」と覚えておこう

ドライブクローラー 5.5インチ
チューブなどを使わずフックを「横刺し」にする方法もある。フッキング率が上がると同時にワームのロスト数も増えるので、頻度は少ない

ドライブスティック4.5インチ
ボディーをしならせるのがネコリグの特徴だが、これは「あえてしならせない」セッティング。平たい背中で水を受けて強力なバイブレーションが出る。1.3g以上のシンカーを合わせ、長めのストロークのリフト＆フォールでテンポよく探っていく。いわば根掛かりしないメタルバイブ

ドライブシュリンプ4インチ
このリグのフォール姿勢はさながらテナガエビ。逆手をプルプル震動させて生命感たっぷりに落ちていくから、夏場に大活躍する。重めの2.2gぐらいのネイルシンカーでもゆったり落ちる

HPシャッドテール2.5インチ
小型のベイトフィッシュを追っているときの、究極の反則技（笑）。宙層でのシェイク＆スイミング（ミドスト）で使う。ジグヘッドやノーシンカーリグより魚を寄せる力があり、スーパースローな焦らしアクションが可能。0.4gシンカーが基本だ。また、2g前後のシンカーでボトムバンピングさせるテクもある

ドライブビーバー 3.5インチ
ガレ場や岩盤、護岸沿いなどで使用。テキサスリグで使われることの多いワームだが、0.9～1.3gくらいの軽いネコリグでもボディー後半をパタパタと、まるでぜんまい仕掛けのように動かしながら落ちていく

ボディーが太いワームには「ネコストッパー」でフックを固定するのも便利だ

釣るためのジャパニーズSKILL
スモラバ
SMALL RUBBER JIG

どんなルアーか？ 小さいラバージグ（Small Rubber Jig）の略称。明確な基準はないがおおむね3.5ｇ以下のものが多い。2〜3インチ大のワームと組み合わせて使う。

「焦らし」アクションの極み

　このルアーの出番を説明する前に、まずは「スモラバを投げないケース」を考えてみたいと思う。

　たとえば高水温期のバックウォーター。強い流れのなかでオイカワなど動きの速いベイトフィッシュを追い回しているとき、最初に選ぶルアーはスモラバではないはずだ。

　巨大なリザーバーのメインレイク、琵琶湖のように広大なウイードエリア、あるいはアメリカのフィールドでプラをするときなども、まずスモラバの出番はない。

　整理しよう。小さくて動きの弱いスモラバはサーチベイトとして機能しないから、バスの居場所がある程度絞れないかぎり、投げる意味が薄いのだ。

　もっと大きくてアピールのある「普通のルアー」が効くときもスモラバを手に取る回数は減るし、そのほうが釣りの展開としても楽なはず。

　ところがいろんな状況で釣りをしていると、どうしても「普通のルアー」だけでは壁にぶち当たる。そんなときの最終手段が「スモラバ」だ、と考えてほしい。

　特徴は、シルエットが曖昧でバスに見切られづらいこと。ワーム＋ラバースカートの効果で「スローな誘い・焦らし・複雑な波動」が演出しやすいこと。

　要するにラバージグ（p20）と同じだが、これをコンパクトなボリュームのなかに詰め込んだことで、よりタフな状況にも対応できるようになった。

　高水温期、低水温期、ハイプレッシャーなどの悪条件でバスがルアーを追ってくれないとき、ある程

ワーム単体のアピールでは食わせられないとき、ラバーの「焦らし効果」が役に立つ。複雑な波動や輪郭をぼかす効果に加え、ひとまわり大きいサイズが食うチャンスも増える

PEラインを巻いたパワーフィネスでカバーを撃ったり、オーバーハングにラインを掛けて見えバスを食わせたり……。そんなテクニックもスモラバの一部ではあるけれど、まずはシンプルに釣っていくだけでいい

度「このへんにいるだろう」と想定したうえで、ピンスポットにアプローチしていく。

　エキスパートが使う難しいテクニックもいろいろ紹介されているが、あまり難しく考えず、テキサスリグやフットボールジグの代わりに投げてみる、といった感覚でスタートしてみよう。

2日間でわずかワンバイト。厳寒期の相模湖で、かぎりなくゼロに近いチャンスをもたらしてくれたのはスモラバだった（04シンクロ3.5ｇ＋ドライブシュリンプ3インチ）。水面の薄いゴミにラインを絡め、表層に吊るすようにして誘った

04シンクロ1.8g+HPミノー3.1インチ

04シンクロ3.5g+ドライブクロー2インチ

05タッガー4g+ドライブホッグ2.5インチ

スモラバの種類とウエイト選び

　スモラバには大きく分けて2種類がある。ひとつはおもにスピニングタックルで使うオープンウォーター用。O.S.Pのラインナップでは「04シンクロ」がこれに該当する。3〜5ポンド程度のラインでもフッキングが決まる細軸フックが装着され、ウエイトも軽めの設定になっていることが多い。

　ウエイトは「ボトムが感知できる範囲で軽いもの」を選ぶといい。ボクにとっての基準は1.8g。これならシャローから水深3〜4mあたりまで対応できるはず。よっぽど根掛かりのきついハードボトムや水深50ｃｍ以内だけをねらうならワンランク軽い1.2ｇに変えていくし、急深なバンクばかりでかったるいなら2.4ｇに上げてテンポよく釣っていくのもありだ。

　もうひとつのスモラバが、カバー撃ち専用に作られた「05タッガー」のようなタイプ。ベイトフィネスタックルに8ポンド以上のライン、またはＰＥを巻いて使うことを前提にした太めのフックがデフォルトだ。

04シンクロは市販されているスモラバのなかでもかなり細くて繊細なラバーを採用しており、微細な「焦らし」アクションが得意。対象的なのが05タッガーで、カバーに絡めて誘ったときにバスに気づかせるパワーを付加するため太いラバーを巻いてある。同じウエイトを使っても後者のほうがフォールが遅い

この場合のウエイトはフィールドのタイプやねらうカバーの濃さによって変えていく。まずはねらうスポットに入る範囲で軽いものを選んでいこう。

　例を挙げると、水深1m以内のアシ際を撃つなら2.2〜2.7gで充分。そこにゴチャッとブッシュなどが絡めば3.3gは欲しい。リザーバーのシャローならバンク際でも水深2〜3mあることが多いから3.3g、レイダウンなどに絡めつつボトムまできっちり落とすなら4g。密集した浮きゴミを貫通させるための5g、といった感じ。

　ボクの好みは4gをベースにしてテンポよく探っていくスタイルだけど、これは平均より少し重めかもしれない。オリキン（折金一樹さん）は亀山湖で使うなら3.3gがメインだと言っていた。軽いほうがアベレージサイズでもちゃんと吸い込んでくれるからね。

　また、16ポンドラインでテキサスリグを撃っていたロッドにそのままカバー用のスモラバを結び変えることもあって、そんなときは重めの5g前後が投げやすい。

04シンクロのヘッド形状は「セミフットボール型」。枝などに吊るしてシェイクするあいだもバスが反応しやすい「水平姿勢」を保ってくれる

ラインアイから下にかけてのラインが「おでこ」のように出っぱっている05タッガー。軽いウエイトを使っても適度にカバーにスタックして誘うための形状だ。ゼロワンジグ（p23）との違いを見比べてみよう

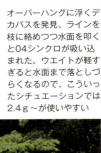

オーバーハングに浮くデカバスを発見、ラインを枝に絡めつつ水面を叩くと04シンクロが吸い込まれた。ウエイトが軽すぎると水面まで落としづらくなるので、こういったシチュエーションでは2.4g〜が使いやすい

トレーラー用ワームの最適解は？

　スモラバに合わせるワームには、ありとあらゆる可能性がある。ただしフックサイズが小さいので、あまり大きなものを選ぶとフッキング率が悪くなってしまうだろう。そもそも「小さい」ことに意味のあるルアーだから、2～3インチクラスのワームを合わせるのが常套手段になっている。

　たとえば小型のクロー系（ドライブクロー2インチなど）をセットすると、フルサイズジグやテキサスリグのミニチュア版というイメージ。HPシャッドテールを付ければフォールやスイミングで機敏に動く。

　とことんタフった状況で「焦らし系アクション」に特化したい場合は、細かいパーツの多いドライブシュリンプ3インチでラバーとの相乗効果をねらったりする。

　あるいはバルキーなドライブスティック3インチに組み合わせると、軽いウエイトを使っても投げやすくなり、余計なパーツがないから狭いすき間にも入れ込みやすい。

スモラバでよく使うカラーは2系統。宙層で使うならスモークやクリア系のベイトフィッシュカラー。ボトムに沈めるならグリーンパンプキンやウォーターメロンなどのアースカラーで

スモラバをPEラインで扱う場合は先端の1mほどを黒く塗って目立たなくしている

特殊なセッティングの例。05タッガー2.2gにドライブスティック4.5インチを合わせた。ノーシンカーに近いスローフォールでシェードを撃ちつつ、ラバーの効果で誘い効果やアピール力をプラスできる。ややラインを張って落とすのがミソ

釣るためのジャパニーズSKILL
ジグヘッドリグ
JIG HEAD RIG

どんなルアーか？ ウエイトとフックが一体になった「ジグヘッド」を使うリグの総称。フックポイントを上に向けて姿勢が安定しやすい

元祖フィネスの王道

　ボクが日本のトーナメントシーンで活動していた1990年代ごろ、ライトリグといえばまっさきに挙がるのがこのジグヘッドリグだった。

　ロングシェイクなどの繊細な操作が可能で、フッキングも抜群。軽めのウエイトを使えばノーシンカーに近いナチュラルな動きが出せるし、重くすればフットボールジグ的なリアクション効果も望める。タフコンディションにもめっぽう強いトーナメントウエポンだったわけだ。

　近年はダウンショットリグやネコリグ、スモラバなどフィネスのバリエーションが増えてきたこともあって、やや影が薄くなりつつある。そんななかで「ジグヘッドリグならでは」の局面を紹介していきたい。

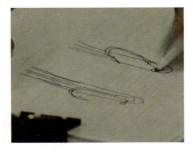

かつてフィネスの王道だった「ミニチューブのジグヘッドリグ」。セルフウイードレスにセットするシークレットチューンでいい思いをした記憶がある。現在でも出番はあるはず

ジグヘッドはフックポイントが上を向きやすいので、フッキングを優先するならノーガードタイプを使用。ボトムや根掛かりの多いスポットで使うならガード付きがいい

シャッドテールのスイミング

HPシャッドテール3.6インチ

　ジグヘッドリグで釣ったことのないアングラーでも取り入れやすいテクニックのひとつが、シャッドテール系のワームを使ったスイミングだ。

　使い方は極めてイージー。キャストして一定スピードで巻くだけでいい。ライトリグのなかでも効率がいい部類の釣りだ。

　たとえば、ローライトだったりバスの活性が高ければシャッドやジャークベイトを巻くだけで反応があるかもしれない。しかしハードルアーへの反応が悪くなるピーカン無風のタフコンディションでは、こういった弱い波動のワームを巻いたほうがバイトに至る確率はアップする。

　別の言い方をすると、その場にバスが10尾いたとして、セレクティブな状況ならハードベイトで抜けるのはせいぜい2～3尾。普通のアングラーならそこで満足するだろうけれど、ボクならジグヘッドリグを投入してさらに2～3尾を食わせようと試みるだろう。

　使うワームのサイズはその場のエサを基準にする。5cm前後

バスやベイトフィッシュの気配があるのに浅いレンジでは食わないとき、一段下を広く探るのに便利なのがジグヘッド。ロッドワークを加えるミドストと違ってラインの存在感を消せるというメリットもある

流入河川に差してきたワカサギのサイズに合わせてHPシャッドテール3.6インチをセレクト。表層では反応がなかったため、ジグヘッドリグで少し下のレンジを引くと56cmを筆頭に連発！（大分県・芹川ダム）

のワカサギやゴリ、ハゼが多いならHPシャッドテール2.5〜3.1インチからスタート。オイカワやアユ、ワカサギの成魚など大きめのベイトを食っているなら3.6〜4.2インチがハマる。

やや難しいのがウエイトの使い分け。これによってリグの泳ぐレンジが変わってくる。1/16オンスなら、使うワームにもよるが水深2m前後を引きやすい。魚探に映るバスやベイトがもっと深いレンジなら、ウエイトも少し重くする。

浅いレンジにいるときはノーシンカーリグを巻いてもいいが、ある程度のスピード感を保つことでバイトを誘発できるのも、この手のジグヘッドリグの持ち味だと思う。

ただし障害物にはそれほど強くないので、基本的にはオープンウォーターでの釣り。強烈に濁ったコンディションも苦手だが、けっしてクリアウォーターだけの武器ではない。平常時の霞ヶ浦ぐらいの水なら3〜4インチ台のジグヘッドリグが効く場面はたくさんある。

「ミドスト」が早春に効く理由

ジグヘッドリグのタダ巻きに「焦らし効果と寄せるパワー」を付与したのがミドスト（ミッドストローリング）」と呼ばれるテクニックだ。

ピンテール系やベイトフィッシュ型のワームを軽めのジグヘッドに装着して、シェイクしながら宙層をリトリーブ。するとワームはヒラヒラ、キラキラと身をくねらせながらテールを震わせる。

このとき、マイラーミノーのような光を反射するアイテムを使うと、フラッシング効果で遠方のバスにも存在を知らせることが可能になる。池原ダムなどクリアウォーターの広いメインレイクでミドストが多用されているのは、小さなジグヘッドリグでも意外に存在をアピールすることができるためだ。

マイラーミノー 3.5インチ

ドライブスティック3インチ

ドライブスティックはマイラーミノーに比べて水押しが強く、透明度の低い水域でも効きやすい。対照的なのがHPミノーで、シェイクしてもロールアクションは抑えられテールのみがピリピリと震動する

HPミノー 3.1インチ

マイラーミノーを使う場合、ジグヘッドのウエイトは1/16オンスがベース。ボディーに空気室があってフォールスピードが抑えられる。ドライブスティック3インチやHPミノー3.1インチを同じレンジ感で引きたければ1/20オンスを合わせる

　宙層をタダ巻きするのに比べ、移動距離を抑えたスローな誘いが可能になるのも大きなメリット。早春にミドストが効きやすいのもそのためで、サスペンドミノーのトゥイッチ&ポーズ、I字系ルアーのデッドスローリトリーブなど、ステイを混じえて宙層を探るルアーが効くタイミングには、やはりミドストも威力を発揮してくれる。

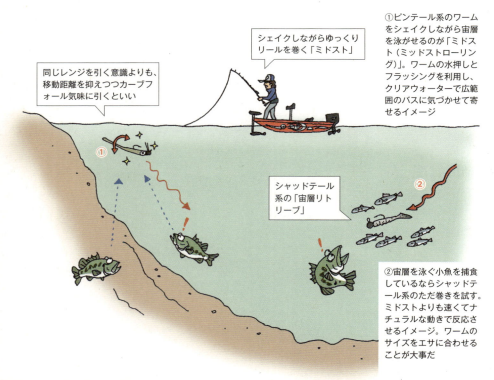

シェイクしながらゆっくりリールを巻く「ミドスト」

同じレンジを引く意識よりも、移動距離を抑えつつカーブフォール気味に引くといい

①ピンテール系のワームをシェイクしながら宙層を泳がせるのが「ミドスト（ミッドストローリング）」。ワームの水押しとフラッシングを利用し、クリアウォーターで広範囲のバスに気づかせて寄せるイメージ

シャッドテール系の「宙層リトリーブ」

②宙層を泳ぐ小魚を捕食しているならシャッドテール系のただ巻きを試す。ミドストよりも速くてナチュラルな動きで反応させるイメージ。ワームのサイズをエサに合わせることが大事だ

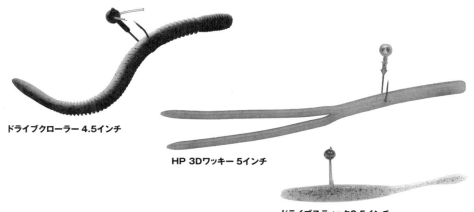

ドライブクローラー 4.5インチ

HP 3Dワッキー 5インチ

ドライブスティック3.5インチ

オートマチックな
ジグヘッドワッキー

　ストレートワームなどの中央部にフックを掛けて使うのがジグヘッドワッキー。

　勘のいい人なら気づいたかもしれないが、構造の似たノーシンカーワッキー（p50）とかなり特性の近いアイテムだ。

　どちらもフォール中にワームの両端を震わせて自発的なバイブレーションを生む。また移動距離を押さえた「焦らし効果」を発揮させやすい。

　違うのは、シェイクなどのロッドワークを与えたときにボディーを回転させる動き（＝ロールアクション）が強調できること。

　また、ノーシンカーワッキーでは魅力的なアクションが望めない硬めのワームでも、ジグヘッドの重さを使って強制的にブルブルと動かしてやれる。ノーシンカーでは深いレンジを探り

ジグヘッドワッキーにはストレートワームを合わせることが多いが、甲殻類のような存在感を出しやすいドライブスティックも面白い

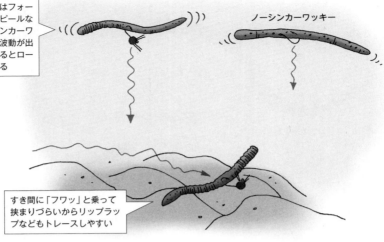

ジグヘッドワッキーはフォール中に宙層でハイアピールな誘いが可能。ノーシンカーワッキーよりも明確な波動が出やすく、シェイクするとロールアクションも加わる

ノーシンカーワッキー

すき間に「フワッ」と乗って挟まりづらいからリップラップなどもトレースしやすい

づらいが、ジグヘッドワッキーなら水深4～5mでスローに誘うことも難しくない。

同じくワッキーセッティングのネコリグと比べると、混みいったカバーを相手にするのは苦手。ただしゴロタ石などではすき間に入り込みづらいジグヘッドワッキーのほうが、スムーズにボトムを探りやすいケースもある。

横方向に引いてもよし、落としてもよし。ハイアピールかつオートマチックに誘えるのがジグヘッドワッキーの持ち味だ。

ドライブSSギル3.6インチ

ギル系ワームのジグヘッドリグはこれから多用しそうなアイテムのひとつ。ボトムなどでホップさせると、その場でクルッと宙返りするような「サーカスアクション」が演出できる

断言しよう。
本当にバス釣りがうまい人は、
まちがいなくハードベイトが得意な人だ。
「とりあえずビール」は美味いけど
「とりあえずワーム」はナンセンスの極み。
先入観がキミのレベルアップを
邪魔していないか？

Toshinari Namiki
This is BASS LURE
World Bass Manual

食わず嫌いの ハードベイト 修行

トップウォーター｜ジャークベイト
シャッド｜ブレーデッドジグ｜バイブレーション

食わず嫌いのハードベイト修行

トップウォーター
TOP WATER

どんなルアーか？ 水面で使うルアーの総称。ブラックバス用ルアーの原点となったジャンルであり、何十年も前から存在する名作が多い。

トップウォーターへの誤解

「水面に飛び出てバイトさせるなんて、よっぽどバスの警戒心が溶けていないと無理ですよね？」

とあるセミナーでこんなふうに尋ねられたことがある。トップウォーターは難しい。よっぽどラッキーなタイミングでないと釣れないルアー。そんな先入観が透けて見える質問だった。

たしかに一理ある。けれど、一理ない、とも言える。

冬の嵐が吹き荒れる湖面では、ボクだってさすがにトップウォーターを投げる気にはならない。

だがその一方で、凄腕のロコアングラーがひしめくハイプレッシャーレイクでも「トップウォーターだからこそ食った」といえる状況に出くわすことがあるからだ。

プールに潜って、水中からプールサイドの友だちを見あげたところを想像してみてほしい。誰がどこにいるのかハッキリとは判別できないはず。水面がゆらゆらと波立ち、水面より向こうの景色はおぼろげになる。

これをバスの目線に置き換えてみよう。水面に浮かんでいるルアーというのは、ある程度まで見えつつ、半分ぐらいはあやふやで認識しづらい状態になっている。

つまり「バスにルアーを見切らせないためにもっとも有効なルアーのひとつがトップウォーター」という考え方もできるわけだ。このイメージを持てるかどうかで、釣果は大きく変わってくる。

水面を利用してルアーの存在をあやふやにし、バスを騙す。それがトップウォーターの最大のキモだ。透明度の高いフィールドで効く理由のひとつでもある

トップウォーターと相性のいいナイロンライン。フロロカーボンは水に沈み込むので、特にポーズを多用する場合はアクションを妨げることがある

ヤマトO.S.P
ヤマトJr.

リズムで誘うペンシルベイト

　棒のようにシンプルな形状を持ち、ロッドワークによって首を振らせる「ドッグウォーク」が得意なトップウォータールアー。比較的クリアな水域で、表層でベイトフィッシュを捕食しているときに使うのが本来の用途だ。

　後述するポッパーやバズベイトほどアピールは強くないので、水面が穏やかな状況で投入するのに向いている。

　O.S.Pのペンシルベイト「ヤマト」「ヤマトJr.」は、一般的なペンシルベイトよりもパワーがあり、多彩なギミックが搭載されたアイテム。首を振らせながらポッパー的なサウンドを奏でることもできる。

ヤマトとヤマトJr.のヘッド下部に設けられたプレートはイージーなハイピッチドッグウォークに貢献するだけでなく、水しぶきも発生。ちょっとした障害物を乗り越えるスナッグレス効果もある

　動かし方のバリエーションはさまざま。等間隔のリズムでドッグウォークさせるのもいいが、ここでは緩急を付けた一例を挙げておこう。

　キャストしたら、はじめの1〜2回は「チョン、チョン」とソフトにトゥイッチ。着水音に反応して近づいてきたバスがいるかもしれず、派手に動かすとびっくりさせる恐れがある。

　それでバイトがなければ「ゴボッ、ボコッ」と強めの音と水しぶきを立てながら2〜3回ドッグウォーク。重くて低いサウンドはバスがエサを呑み込む捕食音のイメージだ。少し離れたところにいるバスに気づかせ、「オレも食いたい！」と競争心を煽る効果がある。

　そこから再びポーズを挟んで、再び弱めの首振りを数回。強弱を使い分けながら反応するパターンを探していこう。

スーパースプークJr.
T.D.ペンシル

①サーチベイト的に浅いレンジを広く探るときは、弱めの連続ポップ音で
②水深のある場所や「ここぞ！」というピンスポットでは、捕食音にも似た重いポップ音とポーズを組み合わせスローに探る

深いレンジから「音」で引っぱられる

サウンドが命のポッパー

　ラインアイの周辺がカップ状になっていて、引くと水を受けて「ポコッ」「チュパッ」といったポップ音を発生させやすいルアー。ペンシルベイトのように首を振るタイプもある。

　音のメリットは、水深のある場所や波のあるとき、マッディーウォーターでバスに気づかせやすいこと。たとえばリザーバーの岩盤などではペンシルベイトよりもポッパーを選ぶことが多い。

　「ボコン！　ボコン！……（ポーズ）……ボコン！　ボコン！」

　といったイメージで、立ち木や橋脚の脇などのピンスポットではしっかりポーズを混じえて誘う。

　深いレンジにいるバスがポッパーの「音」に反応し、浮上してバイトしてくるイメージだ。バズベイトもアピールの強いトップウォーターだが、ポッパーは水面に止めて「焦らし効果」を発揮できるという長所がある。

　また、シャローフラットでエサを追っているときなどは「ポッポッポッポッポ……」と弱めの連続ポップで引くという手もある。サーフェスクランクにも似た、テンポのいいアプローチ方法だ。波風があるときも適度なアピール力で探っていける。

水深10m近いスポットに浮かぶ係留船の脇で、ラウダー60に食ってきたグッドサイズ。ポッパーはリザーバーに欠かせないトップウォーターのひとつだ

ラウダー70

ラウダー50

ワッパープロッパー110

ダブルスイッシャーは直線的なジャーク＆ポーズが基本。シングルスイッシャーで斜めに浮くタイプには首振りが得意なものも

ベビートーピード

プロップの回転と金属音

　スイッシャー（プロップベイト）は、ボディーの両端または片側に回転するプロップ（ペラ）を付けたアイテム。ペンシルベイトに似た細長い形状のものが多い。

　ただしトーナメントシーンでは徐々に出番が減っているルアーでもある。アメリカでもフロリダなど浅いウイードレイクでスポーニングシーズンに使われる程度になってきた。

　かわりに注目を浴びているのが、テールの回転するワッパープロッパータイプ。タダ巻きでバズベイトのように使うアイテムだ。サーチの効率がよくて集魚効果も高い。

02ビート・パピー

02ビート

アピール最強のバズベイト

　クリアウォーターで投げるトップの代表格がペンシルベイトだとしたら、バズベイトはその対局にあるルアー。視界の効かないマッディウォーターでも効果的なアイテムだ。

　構造はスピナーベイトに似ていて、ブレードの代わりに金属製のペラが装着されている（たまにプラスチック製もある）。

　これが水面を激しくかき回し、水音と泡、そしてペラとワイヤーが擦れるスクイークサウンド（＝軋む音）を発生。ポッパーやスイッシャーの比ではないアピール力を発揮するわけだ。

　スナッグレス効果も高く、ちょっとした浮きゴミやウイードの上、パラアシのすき間などを快適にトレースできる。さらにはハイスピードでリトリーブしてもバランスを崩しづらく、と

O.S.Pのバズベイトには世界初のブラス製クラッカー（三角形の金属板）を採用。アルミ製のクラッカーは以前から存在していたが、さらに硬くて重いブラスを使うと強烈なサウンドが出る。直線的に引きやすいというメリットも付与される

バスがイケイケのときは、バランスを崩さない範囲でもっとも激しい水しぶき＆サウンドを出すスピードが有効

ときには水面直下で控えめなサウンドを立てるアプローチも試してみよう

にかく効率のいいトップウォータールアーだ。

　アピール力はおもにペラのサイズで決まる。大きければ大きいほど騒がしいサウンドを生み出すが、空気抵抗が増えるのでキャスタビリティーが落ちることも。

　リトリーブを止めると沈むので、一定速度で巻き続ける使い方が基本。ちょっとしたスピードの違いでバイト数が変わってくることもある。

サーフェイスクランク

　シャロークランクのリップをさらに短くして、水中に潜らないようセッティングされたルアー。水面直下を泳ぎつつ、クランクベイト的なウォブルアクションでシャローフラットを効率よく探るのに向いている。

　広い水面をカバーして探るのが得意で、バズベイトほどの存在感はないが、小魚や虫をセレクティブに捕食しているときにも効きやすい。バズベイトよりもスローなリトリーブ速度で使えて、トレブルフックだからフッキング率も高いのがメリットだと言えるだろう。

コバジン

バジンクランク
バジンクランクのフロントフックはサーフェイスリグが使われている。ワンサイズ大きなフックに変えても絡みづらい

クレイジークローラー
ボディーに一対の金属片を装着した「ハネモノ系」「クローラーベイト」タイプ。水面をノタノタと泳ぐようにアクションする。ジャンルは異なるが、サーフェイスクランクをさらにハイアピール＆スローにしたような位置づけのルアーだ

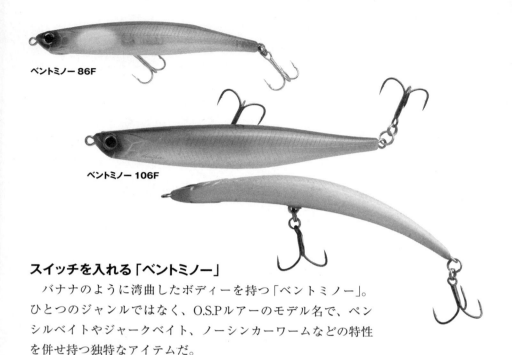

ベントミノー 86F

ベントミノー 106F

スイッチを入れる「ベントミノー」

バナナのように湾曲したボディーを持つ「ベントミノー」。ひとつのジャンルではなく、O.S.Pルアーのモデル名で、ペンシルベイトやジャークベイト、ノーシンカーワームなどの特性を併せ持つ独特なアイテムだ。

トゥイッチなどのロッドワークを入れ、水面でイレギュラーな動きを演出するのが基本的な使い方。ロッドをチョンチョン

◎ベントミノー3態。

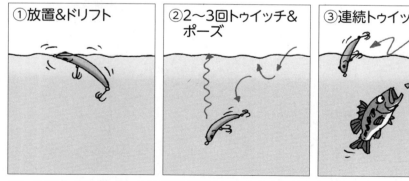

①放置&ドリフト　②2〜3回トゥイッチ&ポーズ　③連続トゥイッチ

①もっともスローなアプローチ。ベイトやバスが溜まるスポットで、風や流れに乗せてジワジワとドリフトできれば理想的。ワカサギが産卵した直後に弱って浮遊しているタイミングなど、放置でしか反応しないことがある
②ベントミノーの基本アクション。トゥイッチすると少し潜り、そこからの浮上アクションでバイトが出ることも。バスが見える状況なら反応によってトゥイッチの回数やポーズの長さを変えてみよう
③捕食のスイッチを入れやすいパニックアクション。ボイルしているときなどはポーズを入れると見切られたりするので、連続的な高速トゥイッチが効く。ただしバイト寸前まで来たら一瞬止めたほうがミスバイトが減る

と煽ってやると、小魚が狂って逃げ惑うようなアクションを見せる。

　やる気のないバスにスイッチを入れたいときはスローなリズムで使い（左イラストの①～②）、水面でボイルが頻発するときはパニックアクションで口を使わせる（③）。

オーバーリアル63ウエイク

これもジャンル分けが難しいミクスチャー系ルアー。タダ巻きではサーフェイスクランクのように泳ぎ、スピードを落とすとノーアクションの I 字系ルアーに。トゥイッチすると移動距離を押さえた小型ジャークベイト、ピンスポットで首を振らせると虫ルアー的な存在にも化ける

右は掛かりのいいショートシャンクタイプのフック（速掛）を合わせたケース。ワイドゲイプになったぶん、ボディーが挟まってロックするのを防ぐためスプリットリングを追加している

ソフトボディーのカバー攻略「フロッグ」

　トップウォータールアーのなかで最大級のスナッグレス性を備えているのがフロッグだ。

　中空のソフトなボディーはフックを障害物から守る役割を果たしつつ、バイト時には空気が抜けて潰れ、フックアップを可能にする仕組み。カエルっぽい風貌だからこんな名前が付いているだけで、そこにはあまり因われずに使うのが正解。

　おおまかに分類すると、先端が細くなったシャープノーズ型と、カップ状になったポッパー型の2タイプがある。

　前者はペンシルベイト的なイメージで、ドッグウォークさせて釣っていくのが得意だ。障害物のすき間に挟まりづらい形状なので、複雑なレイダウンやベジテーションの奥に入れてもスムーズに動かしやすい。

　ポッパータイプは水押しや音のアピール力が増すので、濁り気味のフィールドや、やや水深のあるカバー際などで投入することが多い。ハードルアーのポッパーを、障害物に絡めて使えるようにしたものだと考えればわかりやすい。

　スキッピングのしやすさによるメリットも大きい。うまくやれば水面をバウンドさせながら数m先まで送り込める。ほかのルアーが入れづらいオーバーハングや桟橋の下へ簡単にアプローチできる。

フロッグ専用のタックルを組むなら3～5号程度のPEラインがベスト。ほとんど伸びないので、障害物ごしに太いハリを貫通させるときもパワーロスが少ない。テキサスリグやジグ用のタックルしかないときも、フロロ14ポンドまたはナイロン16ポンド以上ならフロッグを結ぶことがある

スピンテールフロッグ（シャープノーズ型）

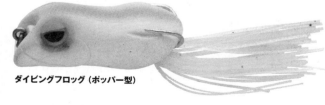

ダイビングフロッグ（ポッパー型）

オリカネムシ

フィネスの極北「虫ルアー」

　アメリカで生まれたバスフィッシングが日本で変容を遂げたすえにたどり着いた、もっとも極端なバリエーションが「虫ルアー」だと思う。

　形状はさまざまだが、全長2〜3cm程度の小型ルアーをスピニングタックルで扱うことが多い。いまやトーナメントスキルとしても欠かせないジャンルのひとつに成長した。

　ハイシーズンは夏。特に湖岸線がオーバーハングで囲まれているフィールドでは、水の上に張り出した枝から虫が落下することも多いだろう。

　昆虫のイミテートだけが目的ではなく、エサがエビや小魚でもOK。とにかくバスたちが水面付近で小型のエサを追っているときに反応がいい。

　デメリットは小さくて目立たせづらいこと。強い濁りや、水面が激しく波立っている状況ではアピール不足になりがち。

　どちらかといえばスローテンポな釣りなので、確実にバスがいると思えるピンスポット（夏だったら小規模なシェード、流れ込み前のカバーなど）に入れて一撃で食わせるようなイメージを持ってアプローチしたい。

カバーや枝などに吊るして使う場合はスピニングタックル＋PEラインのセッティングがおすすめ。オリカネムシなら1.2号、ウエイトのあるオリカネムシ・ダディなら1.5号を直結する。後者なら8〜12ポンドのフロロorナイロンを巻いたベイトフィネスタックルでもいい

オリカネムシ・ダディ

食わず嫌いのハードベイト修行
ジャークベイト
JERK BAIT

どんなルアーか？ 細長いシェイプにリップを付けたルアー。日本では「ミノー」という呼び名も普及している。ジャークやトゥイッチで使うのが基本。

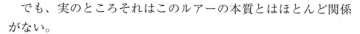

なぜ小魚のように細長いのか

　バスタックルのなかで、ジャークベイトはもっともルアーらしく見えるルアーのひとつかもしれない。「エサの小魚を模した疑似餌なのだな」というイメージが湧きやすい。

　でも、実のところそれはこのルアーの本質とはほとんど関係がない。

　たとえばアメリカでバスが弱ったシャッドを追っているとき、ジャークベイトを使うのは定番のパターンだ。でもシャッドはサッパやコノシロに似た扁平な形状の魚で、ルアーのシルエットはぜんぜん違う。

　あるいはエビや昆虫を食べていたとしても、ジャークベイトが効くシチュエーションに出くわすことは無数にある。

　結局、ジャークベイトが細長い理由はただひとつ。「ジャークやトゥイッチで効果的なダートアクションが出しやすい形状だから」という点に尽きるとボクは思っている。

　ここからはルアーを設計するうえでのマニアックな話。ルアーをきれいにダートさせるには、ラインアイ（およびリップ）からできるだけ離れた位置に重心（メインウエイト）があったほうがいい。

　お尻にウエイトが入っているペンシルベイトの構造と同じで、ボディーが細長いほうが当然、ウエイトを後方に設置しやすい。だからこんな形状になっているのだ。

3月中旬、フローティングストラクチャーの横で食ってきたグッドサイズ。水温が10℃に満たない状況ではジャーク&長めのポーズが効果的(神奈川県・相模湖)

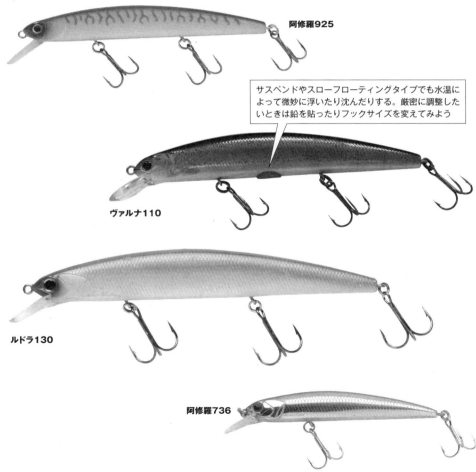

阿修羅925

サスペンドやスローフローティングタイプでも水温によって微妙に浮いたり沈んだりする。厳密に調整したいときは鉛を貼ったりフックサイズを変えてみよう

ヴァルナ110

ルドラ130

阿修羅736

シーズンと水温で操作法を変える

　ジャークベイトといえば、低水温期に効果的なハードベイトの筆頭格。それは動かしたあとの「ポーズ」によって、動きの鈍いバスに追い付かせる間を与えたり、焦らす効果が生まれるから。

　したがって水温が下がれば下がるほど、鉛を貼って微調整してジャストサスペンドにしたものを使い、ここぞというスポット（たとえば水深のあるカバーなど）のそばで「ワントゥイッチ→ロングポーズ」といった使い方が有効になる。

　ときには10秒以上止めておくと、食ったバスがルアーをジワ～ッと持っていって、まるでアオリイカのエギングのようなアタリが出るのが冬のジャークベイトだ。

　一方で暖かいシーズンに出番がないかというと、けっしてそんなことはない。ただし低水温期のようにポーズを長くすると、逆にルアーを見切られるケースが増えるだろう。

　ジャークするにしても連続的なアクションを意識するし、フィーディング中のバスならファストリトリーブだけでガンガン食ってくることも。よさげなコースを通して反応がなければ、同じスポットに対して別のアクションでアプローチしてみることもある。

一般的なジャークベイトは「サスペンド／フローティング」の2系統がラインナップされているが、O.S.Pでは「フローティング／スローフローティング（SPEC2）／ミディアムスローフローティング（MSF）／サスペンド／シンキング」の最大5タイプを作っている。浮力による違いを重視した結果だ

◎「F」と「SP」の使い分け

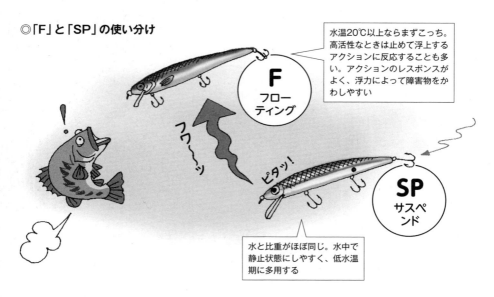

F フローティング
水温20℃以上ならまずこっち。高活性なときは止めて浮上するアクションに反応することも多い。アクションのレスポンスがよく、浮力によって障害物をかわしやすい

SP サスペンド
水と比重がほぼ同じ。水中で静止状態にしやすく、低水温期に多用する

ストレートリトリーブ（ただ巻き）

ジャーク&ポーズ

ワンキャスト内で双方を混ぜるのもアリ

魚のいるであろうスポットでポーズをまじえて誘う

ただ巻きでは魚が追いつけない状況、水がクリアな場所、低水温期などに多用するのが「ジャーク（トウィッチ）&ポーズ」。エサを追っていなくてもトリッキーな動きで魚のスイッチを入れる効果もある。「ストレートリトリーブ」は連続的な波動を出すのでステイン〜マッディウォーターでも効きやすい。エサをガンガン追っているとき、ポーズを入れると見切られる状況などにも有効だ。

水質もジャークベイトのアクションを変える要素のひとつ。もともとはクリアな場所で出番の多いルアーだが、ステイン〜マッディー傾向ならタダ巻きで連続波動を出したほうがバスに発見されやすく、バイトに持ち込める。「透明度が高ければペンシルベイト、濁ったらバズベイト」というトップウォーターの使い分けと共通する部分だ

ジャークベイトと水温について考えてみよう。たとえば春のウインディーサイドで、水温も10℃以上あって、バスが完全にフィーディングモードならタダ巻きだけでOK。でも10℃を割るとさすがにポーズを入れたいね。水温が上昇傾向で10〜13℃ぐらいならタダ巻き&ポーズって感じ。13℃を超えるとバスがスポーンを意識しはじめ、16℃前後でペアリングする。このタイミングでは巻くだけでガツンと食ってくれるケースが減る。バスのテリトリー意識が高まるから、ジャーク&ロングポーズで異物を排除したくなるように仕向けるのが得策。一方で、夏のバックウォーターにベイトが集まっているときはボトムにガンガン当てながら速巻きするのも効果的だ

琵琶湖で定番のジャークベイトがルドラだ。ウイードのなかに埋没しない存在感、水深2～3mレンジをトレースしやすい潜行深度がこのフィールドにマッチしている。フックも大きめ（#4）を搭載できて、50～60cm級を掛けても強引にやりとりできる点も大きい

ルドラの使い手、琵琶湖ガイドの森田哲広さん

ボディーサイズの使い分け

　全国どこのフィールドでも使いやすいのは9cmクラス。野池のオカッパリから琵琶湖まで、アベレージサイズを中心に高確率でバイトがもらえる無難なサイズだ。

　低水温期にスローに操作するときは、大きめの13cmクラスを使うことも多い。水深のあるスポットやカバーまわりなどで、止めておいても存在感のあるボリュームが効果的だからだ。冬にビッグベイト（p116）が効く理由とも共通している。

　そのほかでは、サイズ選びの目安になるのがエサの大きさ。ワカサギを例にとるとわかりやすいんだけど、この魚は初夏に生まれて成長しながら冬を越え、翌年の早春に10cm前後の成魚になって産卵し、一生を終える（2～3年魚は約15cm）。

ジャークベイトのセレクトに迷ったら9cmクラスからスタート。阿修羅925は3フック搭載でフックアップ率が高い

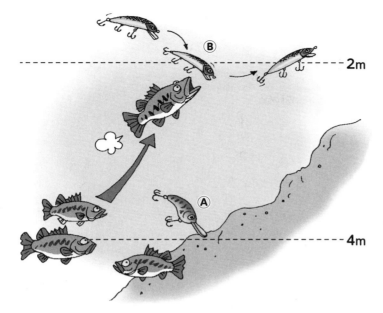

バスが水深4mレンジにいる場合を考えてみよう。同じレンジに送り込めるルアーを使うのがオーソドックな考え方だ（A）。しかし「魚の目線より上」を通してやるほうが反応がいいこともある。たとえば13cmのルドラは2m台まで潜行し、そこからさらに2m下の魚に気づかせることも可能なアピール力がある（B）。特にフィーディングモードのときは「バスを下のレンジから引っぱる」イメージでジャークベイトを使ってみると面白い

　だからワカサギパターンで使うジャークベイトも「早春は大きめ→夏は小さく→秋は中ぐらい→冬は再び大きめ」というローテーションがベースになる。
　もちろんフィールドにはさまざまな種類のエサがいて、ハスやアユのような大型のベイトフィッシュが追われていれば夏場でもビッグサイズのジャークベイトがハマったりする。
　総合的に考えると、どんなシーズン／釣り場でもエサのサイズにマッチしやすいのが9cm程度、という考え方もできるね。

ロングビルミノーは一段下のレンジを探りやすい反面、ダートアクションや高速リトリーブにあまり向かない。使うならスローなストップ&ゴー（ポンプリトリーブ）で

食わず嫌いのハードベイト修行

シャッド
SHAD

どんなルアーか？ 日本で生まれ発展したルアージャンルのひとつ。クランクベイトとジャークベイトの中間的な形状でアクションは弱め。

クランクやジャークベイトとの比較

　シャッドはさまざまなフィールドで季節を問わず使われているハードベイトだ。その理由のひとつが、クランクベイトとジャークベイトそれぞれの長所を持ちつつ、同時に短所を補うような能力を備えているからだろう。

　ボトムに接触させながらリトリーブするのはシャッドの基本のひとつだが、これをジャークベイトでやろうとすると、特にショートリップのものは根掛かりが多発してしまう。

　ではロングリップにすればよいかというと、今度は飛距離が出づらくなるし、速いスピードで巻くとバランスを崩すものが多い。

ダンク48（SP/F）

ハイカット（SP/F）

そもそも日本のフィールドは小型のエサが多いので、ジャークベイトだけでなく小ぶりなシャッドもマッチ・ザ・ベイトを考えると出番が多い、という側面もあるだろう。
　続いてクランクベイトと比較してみる。
　ボトムを叩くだけなら、同じ潜行深度を持つクランクベイトのほうが浮力も強くてトラブルは減る。
　しかしバスが強い波動を嫌うクリアウォーター、あるいは低水温期や小さめのエサを好んでいるときには、タイトなアクションを持つシャッドのほうがバイトを誘発する力を秘めているのだ。
　とはいえ、キツイ濁りが入ったり根掛かりが多ければクランクベイトを投げるし、キレッキレのダートアクションならジャークベイトに勝るものはない。シャッドが万能とはいえないけれど、幅広いコンディションに対応できるルアーであることは間違いない。

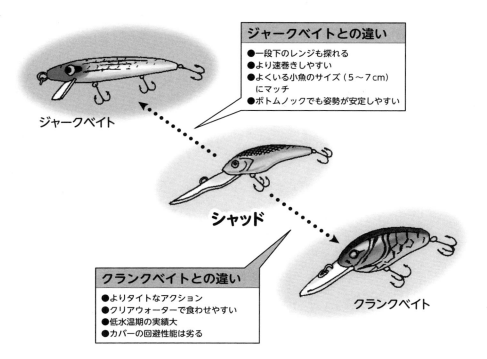

ジャークベイトとの違い
- 一段下のレンジも探れる
- より速巻きしやすい
- よくいる小魚のサイズ（5〜7cm）にマッチ
- ボトムノックでも姿勢が安定しやすい

クランクベイトとの違い
- よりタイトなアクション
- クリアウォーターで食わせやすい
- 低水温期の実績大
- カバーの回避性能は劣る

2種類のシャッドの使い分け

　O.S.Pのラインナップには2種類のシャッドがあり、それぞれ個性がまったく違う。その違いを紹介しながら、基本的なシャッドの使い方や出しどころをピックアップしていこう。
　「ダンク48（F/SP）」は、いわばマイクロサイズのディープクランク。小粒でありながら、既存のシャッドより格段に深いレンジまで到達できるアイテムだ。
　急深なフィールドで使い勝手がいいのはもちろんだが、短い助走距離でグイグイ潜る特性を利用して護岸際で急潜行させるとか、ショートキャストでハードボトムを効率よく叩くなど浅い場所でも使い道がある。
　また、ボディーに比べてリップがかなり大きいから根掛かりも少ない。極めつけはデッドスローに巻いたときのアクションで、アリが這うより遅いスピードでもボディーを振ってくれる。低水温期に威力を発揮する使い方だ。
　もうひとつの「ハイカット」は、ファストリトリーブでの性能を重視したモデル。宙層はもちろん、ボトムにタッチしてもすぐにバランスを立てなおし、砂けむりを上げながら直線的な軌道を保ってくれる。
　また、ジャークベイト的な「トゥイッチ＆ポーズ」で使うときも、ハイカットのほうがきれいなダートアクションが出せる。

ボディーに対するリップの大きさがディープクランク並みのダンク48。スピニングタックルで4ポンドラインを組めば30mキャストで水深4mレンジまで潜る

少し突っ込んだ話になるが、軽い力で大きくダートさせるには、トゥイッチしたときに水を逃がすようなリップやボディー形状が必要になる。ロングビルミノーよりも、ショートリップのジャークベイトのほうがダート性能が高いのと同じことだ。

これは「しっかり水を掴んでグングン潜る」というクランクベイト的な性能とは相反する部分。ゆえに、潜行能力を優先したダンクはあえてダートアクションを犠牲にしたアクションバランスになっている、というわけだ。

ハイカットにはノーマルモデルと「DR（ディープランナー）」の2種類がある。スピニング、ベイト問わず、後者は重心移動システムを搭載していて30m前後の飛距離が出しやすい

ボディーサイズに比してリップの大きな「ダンク」シリーズは、クランクベイトのように急潜航させやすい。スローリトリーブでもよく動くので「マッディウォーター」「低水温期」「ストップ＆ゴー」などが得意だ。

「ハイカット」シリーズの特徴は、ダンク以上にタイトでハイピッチな泳ぎ。高速巻きでもバランスを崩しにくく、トゥイッチを入れてダートさせる使い方にも向く。スモールマウスレイクでの実績も高い

◎ 2タイプのシャッド

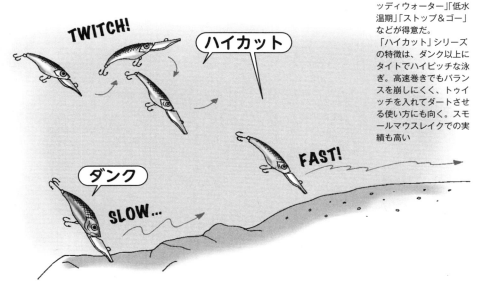

ポンプリトリーブとトゥイッチ

 シャッドをリトリーブするだけで食ってくれるならそれに越したことはない。釣りのテンポも速いし、効率よくバイトを拾っていける。
 一方、それだけではバイトが出ないときに試すのが「ポンプリトリーブ」そして「トゥイッチ」。巻くだけでは追いつけなかったり、口を開いてくれないバスを反応させるためのテクニックだ。
 ポンプリトリーブ（ストップ&ゴー）は「巻いて→止めて」を繰り返す方法。真冬にボトムをスローに探るときなどによく使う。どういうリズムで食うかはその時々だが、活性が低いと思えるときほどポーズは長めにしよう。
 トゥイッチは、ジャークベイト（p94）と同じような効果をねらったもので、トリッキーなダートアクションでバスにスイッチを入れるのが目的。

宙層リトリーブで食ってきたアベレージサイズ。シャッドはクリア気味のフィールドでバイトの多いルアーだ

サスペンド or フローティング？

 両者の違いの第一はレンジ。同じモデルでもサスペンドタイプのほうがより深く潜ってくれる。低水温期に多用するロングポーズも、サスペンドならではの芸当だ。
 一方、フローティングは根掛かりを回避しやすい。バスの活性が高いハイシーズン中は、ピタッと止まるものは見切られることがある。タダ巻きのアクションレスポンスもフローティングが優れているから、高速巻きでもスローに巻いてもしっかり泳ぐ。なお、O.S.Pのフローティングモデルはフックを1サイズ上げても沈まない設定

海で釣りをしてみるとよくわかるんだけど、平和に泳いでるイワシの群れは、近くに肉食魚がいてもなかなか襲われない。でもいったんそこへサビキを垂らしてみると……。
ハリ掛かりしてパニック状態になったイワシを見るや、シイラやブリがすっ飛んでくるのだ。フィッシュイーターというのは、どうやらトリッキーな動きをする対象に本能的に反応するらしい。
これと同じ効果をねらったのが、シャッドやジャークベイトを使ったダートアクションなのだ。
たとえばバスがボイルしているとき、そばでシャッドをタダ巻きしても意外と食わず、連続トゥイッチに変えたとたんに連発したりする。

ボクの基準は「２トゥイッチ＋ポーズ」だが、サーチの段階ではスピーディーな「３トゥイッチ＋短いポーズ」でもいいし、よっぽどタフなときは「１トゥイッチ＋ロングポーズ」にスローダウンすることも。
また、タダ巻きと併用するパターンもある。最初は普通にリトリーブして、途中にある杭のそばでトゥイッチ＆ポーズ。それからまた巻いてくる、といったイメージだ。
なお、透明度の低い場所では大きくダートさせすぎるとバスがルアーを見失う恐れがある。ほんの10cmくらい跳ばすイメージで「……チョン」と弱めのロッドワークを試してみよう。

軽いルアーが投げやすいリールの進化によってベイトタックルで数ｇのシャッドを投げる機会が増えた。なによりキャストの精度が上がるので、近距離で細かく刻んでいくアプローチが快適。カバーまわりの魚を掛けたときも太めのラインが使えるから安心だ。6〜12ポンド前後を巻くことが多い。飛距離を重視したり、できるだけ潜行深度を稼ぎたいときは細いラインが使えるスピニングタックルで

食わず嫌いのハードベイト修行
ブレーデッドジグ
BLADED JIG

どんなルアーか？ ラバージグのような本体に、金属またはプラスチック製の「ブレード」を付けたもの。ワームをトレーラーに用いる。

ブレーデッドジグの元祖「チャターベイト」。水生植物の豊富なフロリダのフィールドで多くの実績を上げた

見た目とは裏腹の「パワー」

　ブレーデッドジグの元祖はZ－MAN社が発売している「チャターベイト」という名称のルアーだ。そのためこのジャンル自体を「チャター系」と呼ぶことも多い。

　スイムジグにも似たナチュラルな見た目のせいか、ほかの巻きモノに比べると「アピール力の控えめなルアー」と捉えている人もいるようだが、それは大きな誤解。

　水を受けて左右に振動するブレードの水押し、それがヘッドと接触して生じる「ガチャガチャ」というサウンド、そしてフラッシング効果。さらにはトレーラーワームのボリュームとも相まって、たとえばスピナーベイトよりも格段に存在感のある、やかましいルアーであることは間違いない。

　クランクベイトとの比較は難しいが、レギュラーサイズならおおむね同等クラス。タイニークランクなら明らかにブレーデッドジグのほうが強烈なバイブレーションを発している。

　ウイードや水生植物の多いフロリダのレイクで多用されてきたのはそのためで、カバーに潜り込んだバスに気づかせ、追わせてバイトに結びつけるにはこのくらいのパワーが必要になる。日本でも琵琶湖南湖で実績が高いというのは当然の帰結だろう。

透明度の高いバックウォーター域にて(神奈川県・相模湖)。本来はカバーの少ないクリアウォーター用のルアーではないが、クリアブレードのブレードジグならバイトさせられる

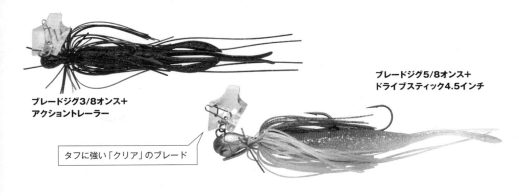

ブレードジグ3/8オンス+
アクショントレーラー

ブレードジグ5/8オンス+
ドライブスティック4.5インチ

タフに強い「クリア」のブレード

ウエイト選びとレンジコントロール

　巻くと泳ぎ、止めると沈むブレーデッドジグはアングラーの手に操作が委ねられている。

　ある程度はリトリーブスピードでコントロールできるけれど、ウエイトによって釣りやすいレンジが変わってくる。

　たとえば3/8オンスモデルをロングキャストしてミディアムスピードで巻くと、いちばん深いところで水深2mあたりを通って泳いでくれる（O.S.Pのブレードジグを想定）。

　実際はショートキャストしたり、少し速いスピードで巻くことも多いから、ざっと1〜1.5mあたりのシャローレンジを巻きやすいウエイトだと言えるだろう。さらにレンジを浅くするなら1/4オンスに、深くするなら1/2〜5/8オンスを選ぶ。

ブレードジグ(O.S.P)は透明のプラスチック製ブレードを採用し、従来のチャターベイトタイプより見切られにくくなっている。クリアウォーターや低水温期にも効きやすいセッティングだ

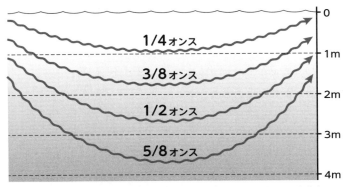

ロングキャスト&ミディアムスピードで巻いたときに各ウエイトでトレースしやすいレンジの一覧。スローリトリーブしたり、ドライブスティックのような高比重でウエイトのあるトレーラーをセットするとさらにレンジを下げやすくなる。

リトリーブを止めるとブレードがきれいに折り畳まれた状態で沈むので、スムーズにリフト&フォールしやすい

①一定層をリトリーブする方法。バスがアクティブな状態ならまずこれを試す。特にアクションのタイトな「スペック2」の3/8オンスは水面直下の速巻きに特化
②レンジが下がっていたり活性が思わしくない場合、少し巻きスピードを落として徐々にレンジを下げるリトリーブも有効。スピナーベイトやスイムジグにも応用できる方法だ

以上は一定速度でリトリーブする際の目安だが、巻きながらジワジワとレンジを下げるように落とし込んでいったり、フットボールジグのようにリフト＆フォールで使うことも。

O.S.Pのブレードジグはこのあたりの小技が効かせやすいセッティングになっているので、多彩なアプローチを試してみてほしい。

トレーラーの種類と「千鳥」

ブレーデッドジグを語るうえで避けては通れないのが「千鳥アクション」の話。「千鳥」とは、リトリーブ中になんらかの理由（ブレードがロックしたり、水を受けきれなくなったり）で軌道がブレ、左右に蛇行するようなイレギュラーアクションが生じることを指す。

チドらずまっすぐ泳がせたほうがミスは少ないが、バスがベイトフィッシュを追い回している場合などは、わずかにチドったほうがスイッチを入れるきっかけになることが多いとボクは感じている。

では「千鳥」アクションはどのように生じるのか。

まずはルアーそのものの特性。ブレードジグを例に取ると、ウエイトの軽いモデルのほうがよりチドりや

ブラシガードを搭載したタイプ。リリーパッドやバラアシのすき間など、ヘビーカバーのなかをトレースすることができる

スティーズ・カバーチャター＋HPシャッドテール3.6インチ

すいセッティングになる。重くなればなるほどヘッドが安定して直進性を増すためだ。

　もうひとつの要素は、トレーラーとしてセットするワームの種類。短くて細身のワームを付けるとチドりやすくなることが多い。

　クローワームやホッグ系のようにボリュームのあるワームは、ルアー全体の姿勢を安定させるので千鳥が生じにくくなる。

　さらに細かい違いを見ていくと、ドライブスティックのように側面がフラットなワームを装着した場合、千鳥アクションの蛇行幅が大きくなる。平面の効果でスライド幅が増幅されるためだ。

　一方で、ボディーが短くて丸いフォルムのアクショントレーラーを使うと、小刻みなスパンでチドるセッティングを出しやすくなる。

ショートバイト対策としてはトレーラーフック＋トレーラーロックも有効だ。こうするとワームが暴れない

①ガチャガチャとブレードを動かしながら左右に軌道がブレる「千鳥アクション」。ドライブスティック4.5インチなど、左右にフラット面のあるトレーラーを使うとスライド幅が大きくなる。特にロングキャスト時には、このぐらいの「千鳥アクション」がちょうどいい　②ドライブクローなどボリュームのあるトレーラーは「千鳥」を抑制する働きがある

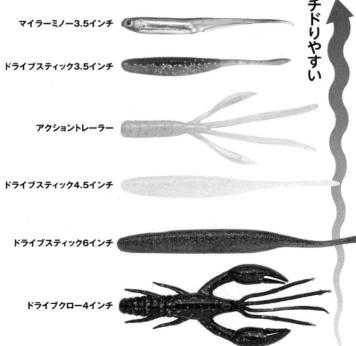

マイラーミノー3.5インチ
ドライブスティック3.5インチ
アクショントレーラー
ドライブスティック4.5インチ
ドライブスティック6インチ
ドライブクロー4インチ

チドりやすい

食わず嫌いのハードベイト修行
バイブレーション
LIPLESS CRANK

どんなルアーか？ 厚みのない扁平なボディーが特徴。ラインアイが上部に設置されているものが多く、背中で水を受けて細かい振動を生じる。

高速リトリーブとT.D.バイブ

極めてリアクション効果の高いハードベイト。バイブレーションの持ち味をひとことで表現すると、そういうことになるだろう。

そのよさを最大限発揮するには、まずファストリトリーブを試してほしい。リップがないこのルアーは（アメリカでは「リップレスクランクベイト」と呼ぶ）、クランクベイトやスピナーベイトといった他種の巻きモノに比べ、圧倒的に速いスピードでリトリーブできる。

ルアーをじっくり判別させるスキを与えず、「ビュンッ！」と通過する物体を反射的に追わせてしまうパワーがバイブレーションにはあるのだ。

T.D.バイブレーション

T.D.プロズバイブレーション
メインウエイトをボディー外部に露出、低重心化。どんなリトリーブスピードでも安定したアクションを見せる

T.D.バイブレーション・タイプR
従来のTDバイブよりもややファット＆体高のあるシェイプ。沈みながらボディーを震わせる「シミーフォール」性能を付加した

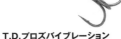

◎ バイブレーションの「うまみ」

同じようなウエイトのほかのルアーと比べて、圧倒的な飛距離を出せるのがバイブレーションだ。バランスを崩さずに高速で引けるのも長所。ある程度スローに引いても動くが、まずはスピードによるリアクション効果を意識するといい

ボク個人の記憶をたどっても、動くかどうかギリギリのデッドスローリトリーブがハマった経験はほとんどない。そういう使い方ならほかのルアーを選ぶだろう。

バス用のハードベイトとしては珍しく、市販されている大半がシンキングタイプ。根掛かりの多い場所では使いづらいが、後述するようにウイードエリアでは抜群に使い勝手がいい。

スーパースポットやラトルトラップなどアメリカ製の名作もいろいろあるなかで、長年に渡ってボクが愛用しているのはT.D.バイブレーションのシリーズ。

これが登場した当時は、タイト&ハイピッチなアクションと、一段下のレンジを引けることで、既存のアイテムを上回る釣果を叩きだしてくれた。ジャークベイトにおけるルドラ的な存在、といえば伝わるだろうか。

不朽の名作、T.D.バイブレーション。タイトながら明確な振動が手元に伝わって、ウイードに絡んだ、外れた、という感触もすぐに感知できる。現在までにいくつかのバリエーションが派生している

ウイードエリアでの使い方

　バイブレーションという選択肢がまっさきに浮上するのがウイードエリアだろう。

　リップがなく、ふたつのトレブルフックがむき出しになっているからすぐにスタックしそうに思える。しかし実際はロッドをあおってやったり、引っ掛かったところでスピードアップすると簡単に切って外せるのがポイントだ（ウイードの種類にもよる）。

　広いウイードエリアのなかでバスにアピールしつつ、ときおりスタック→外す、という行為がバイトを生むきっかけにもなっている。

　クランクベイトを使うケースもあるけれど、ウイードに当たった瞬間に止めて回避するなど小細工が必要で、バイブレーションよりは展開が遅くなりがち。

　スピナーベイトはスナッグレス性能が高い反面、ファストリトリーブ性能ではバイブに軍配が上がることも多い。

　バイブレーションはウイードの上っ面をトレースできるものを選ぶのが基本。レンジはリトリーブスピードでもコントロールできるが、もともとのウエイトに左右される部分が大きい。

　ウイードに絡みすぎてレンジを浅くしたければ軽いモデルにするし、もっと深く潜らせたければ重いものに変えていく。

広大なウイードエリアをすばやくサーチしたいとき、バイブレーションのスピードと「ウイードを切る」という特性が大きなメリットになる

バイブレーションはウイードエリアと相性がいい。ただ巻きでもいいし、スタックしたら（①）鋭くサオをあおってウイードを切り（②）、その後のフォール中にもバイトチャンスがある（③）。一種のリフト＆フォールだ

ボディーの幅に対してフックがむき出しなのでレイダウンやブッシュに絡めて使うのは苦手

夏のバックウォーターでバイブレーションに食った1尾。水深は1m前後、ボトムに落ち葉などが沈んでおり、シャロークランクでは攻略しづらかったので晩秋の泥底パターンを応用してみた

メタルバイブは冬のディープの王道だが、同じような場所で普通のバイブレーションが効くという話はあまり効かない。重くしてもフォールスピードが遅くなりがちで、メリハリのある動きが出しにくいからだろう

晩秋の泥底パターン

　もうひとつ、ウイードがない釣り場でも使えるバイブレーションのパターンを紹介しておきたい。

　ねらうのはズバリ「泥底」。水が淀んで落ち葉やヘドロが堆積するような、普段ならキャストせずに素通りしたくなるスポットだ。

　ところが、秋が深まって水温がぐんぐん下がりはじめたころ、こういう場所にビッグバスが集結するタイミングがある。水深の目安は1〜2m。水が動かないからこそ温まりやすく、ディープに落ちる一歩手前のバスたちが溜まりやすいのである。

　もちろん深いレンジでも魚には触れるだろうが、晩秋のトー

バイブレーションを使ううえで気になるのが「ラトルサウンド」。小粒なラトルがジャラジャラ鳴るものからサイレントまで、音にこだわるアングラーも多い。個人的には低音のラトルが「ゴトゴト」と鳴るワンノッカータイプが好き

ナメントにおいて、シャローで唯一ウイニングパターンになる可能性を秘めているのがこの泥底パターンだ。

　さすがに超高速で巻くことは少ないが、ときおりボトムにタッチするくらいの普通のリトリーブスピードでOK。スタックしたらロッドを軽くあおったり、リフト&フォールを織り交ぜてもいい。メタルバイブ（p132）を使う手もある。

　クランクベイトでもアプローチできそうに思えるが、こういう場所ではリップがスコップのようにボトムの泥を掘ってしまい、スムーズにトレースしづらい。野池などでの低水温期のオカッパリテクとしても有効な方法だ。

水の澱む泥底エリアでバイブレーションを引くのは晩秋の定番パターン。ボトムにスタックしても、ロッドをあおったり巻きスピードを上げれば上方向に回避できる。これをクランクベイトなどでやるとむしろボトムに突っ込んでいき、スコップのように泥を抱え込んでしまう

◎晩秋の「泥底パターン」

超絶うるさい着水音を立てながら
全長30cmのルアーを投げまくるアングラーを見て
「変なことやってるなぁw」
と笑った瞬間、キミはバスフィッシングの限界を狭めている。
変な釣りなど存在しない、
あるのは「釣れる釣り、釣れない釣り」の二択だけだ。

Toshinari Namiki
This is BASS LURE
World Bass Manual

ルーティン脱却の
ONE MORE
チョイス

ビッグベイト｜キャロライナリグ｜I字系ルアー｜メタル系ルアー

ルーティン脱却のONE MOREチョイス
ビッグベイト
BIG BAIT

どんなルアーか？ 文字どおり「大きなルアー」の総称。ウエイトが1オンス以上、あるいは全長15cmを超えるものを指すことが多い。さまざまなタイプがある。

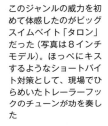

このジャンルの威力を初めて体感したのがビッグスイムベイト「タロン」だった（写真は8インチモデル）。ほっぺにキスするようなショートバイト対策として、現場でひらめいたトレーラーフックのチューンが功を奏した

実物大

ビッグベイトの
ファーストインパクト

　いまから15年ほど前だったと記憶している。日本で発売されはじめたばかりの「タロン」を入手して、池原ダムで雑誌の取材中に投げてみた。そして驚いた。

　泉のようにバスが湧く!!

　それまでさんざんジャークベイトを投げて一度もチェイスがなかった場所で、50cmどころか、ロクマルを超えるサイズが群れをなしてこのビッグスイムベイトを追尾してきたのだ。

　結局このトリップでは60cmオーバーを2尾釣って、それ以外に55cmを超えるサイズを4～5本キャッチ。興味深かったのは、このときにもっとも効果的だったのが8インチモデルだったこと。64cmを釣ったのもこのサイズだった。

　タロンにラインナップされていた数サイズのうち、6インチは広大な池原ダムのメインレイクに対してアピール不足なの

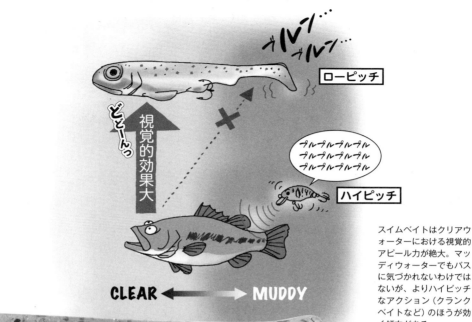

スイムベイトはクリアウォーターにおける視覚的アピール力が絶大。マッディウォーターでもバスに気づかれないわけではないが、よりハイピッチなアクション(クランクベイトなど)のほうが効く傾向がある

　か、チェイスが減ったことが実感できた。食えばフッキング率は高い反面、バイトが少ない。

　じゃあデカくすればいいのかというと、10インチモデルではさすがに強烈すぎたようで、これまたそれほどチェイスがない。集魚効果とバイトに至る確率を考えると、8インチが安定しているという結論に至ったのだった。

　もちろん、これはあくまで当時の池原ダムの状況にそのサイズがマッチしていただけで、タロンの8インチが最強だと言うわけではない。

　濁りが強ければ10インチが効いたかもしれないし、ソフトボディーのタロンではなく、ハードマテリアルでリップ付きのビッグベイトのほうがハマることもあるだろう。

　そのあたりは次ページでルアータイプごとの使い分けを参照にしてほしい。

[リップ付きジョイントビッグベイト]

水面付近にバスを寄せたいとき、引き波のアピール力で気づかせたいときなどは、リップが装着されているビッグベイトのウォブルロールアクションがパワーを発揮する。
スイムベイト系では視覚的な効果がメインだったのが、このタイプならより強い波動の効果も加えることができる。ジョイントされたボディーはより複雑で強い水押しに貢献。ガチャガチャと音を発生するノイジー的な要素もある。
マッディウォーターや荒れた天気には強い反面、透明度が高すぎるフィールドや晴天無風時には勝負しづらい。

[S字系ビッグベイト]

I字系ルアーとリップ付きビッグベイトの中間的な存在。その名のとおりゆったりとしたS字のカーブを描いて泳ぐ。
ガチャガチャと動く強波動のビッグベイトでは一瞬で見切られるようなとき、あまり水を押さず、なおかつスローに引いてこれるこのタイプが効く。クリアウォーターや低水温期にも強い。波動は弱いのに視覚的な存在感大というギャップが、多数のチェイスを呼んでくれる。

[スイムベイトタイプ]

タロンと同じくソフトボディーのビッグスイムベイトには、アクションの強弱などでさまざまなバリエーションがある。写真のハドルストンはテールのアクションがさらにローピッチ。ボディーはほぼノーアクションで、テールをわずかに「ノタ、ノタ……」と振って泳ぐ。スーパークリアウォーターでまず投げたいタイプだ

[ギル型ビッグベイト]

ブルーギルのマッチ・ザ・ベイトを意図したタイプ。バスがギルとともにサスペンドするハイシーズン、あるいはスポーニングするブルーギルのベッドをねらうタイミングなどに多用される。
冬場はあまり使われていない印象だが、バスとギルの越冬場は共通するので、そのあたり開拓の余地があるかもしれない。
平たく体高のある形状ゆえ、けっしてフッキングはよくないから、個人的にはほかのルアーで食うならそちらを優先する。

「ビッグベイトだけ」では釣れない？

　最初に景気のいいエピソードを紹介したが、ビッグベイトが全国的に普及した現在、同じように投げても昔ほどの威力は再現できないと思う。

　ただし「ビッグベイトだけ」で釣ろうと考えなければ、いろんな使い道がある。

　どういうことか。

　たとえばハイプレッシャーレイクでビッグベイトを1日投げ続けても、バイトさせてキャッチに至るのは、よほど条件が整わないかぎり難しい。

　とはいっても、それなりにチェイスはあるはず。それを見逃さないでほしい。「また食わなかった……」とガッカリするのではなく、バスがどういったポジションにいたのか、どこから現われ、どこに戻っていくのかをよく観察しよう。

　実は池原ダムでタロンに衝撃を受けたあの日、もう1尾の60cmオーバーは阿修羅925で釣ったものだった。

　立ち木に投げたタロン8インチをデカバスが船べりまでチェイス。それを確認してロッドを持ち替え、Uターンする前に阿修羅を投げた。立ち木のそばに先回りして置いておき、トゥイ

ビッグベイトは釣れる釣れないにかかわらず「バスに存在を気づかせる」パワーが強い。細かくキャストを刻まなくても、10m離れたバスが発見してすっ飛んでくることもあるだろう。現在はプレッシャーにさらされるフィールドが多く、安定してバイトが得られるケースは少ないが、この基本性能を押さえておけば使いどころが見えてくるはず

「この淵の下から、デッカイのがつけてくるんだよな」。それさえわかればバイトに至らなくてもいい。ときにビッグベイトは魚探以上に性能のいいサーチマシンになる

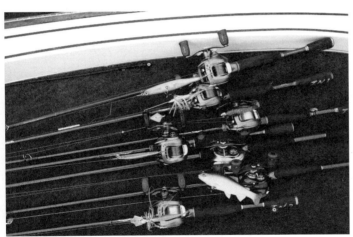

ビッグベイトのフォローとして用意するルアーはフィールドごとに違う。夏の池原ダムでは、ハドルストンのほかにバズベイト・ベントミノー・ブレードジグ・ジャークベイト・アイウェーバーなどを用意した

ッチ&ポーズで食わせたのだった。

　この場合、最初からジャークベイトを投げていてもロクマルが食ったかどうかは疑問だ。ビッグベイトを追うことでスイッチが入り、だからこそフォローが効いた可能性も高い。

　要するに、ビッグベイトの最大の魅力である「集魚効果」を利用して、出てきたバスをいかにフォローするか。これが、一般的なフィールドでビッグベイトを活用する最大のキモだと思う。

たとえば橋桁のような巨大ストラクチャー。おそらく10尾以上のスクールがいて、50アップが1〜2本は混じっているだろうと想定したら、先にアベレージサイズが食ってしまうようなリグを投げるのはオススメできない。群れのなかでいちばんデカイのをバーン！と食わせたければビッグベイトという選択肢はアリ

夏と冬のビッグベイト術

　もちろんビッグベイト単体で勝負が決まるケースもあるだろう。ハイシーズンなら、雨で水量が増えて笹濁りになったバックウォーター。普通のルアーではパワー不足になりがちなスポットだからこそ、ビッグベイトのインパクトが生きる。

　巨大な桟橋や浚渫船など、真夏にバスが集まりやすいビッグシェードを釣るときも可能性を感じる。シェードの奥にルアーが入れられなくても、ビッグベイトならエッジを通過させるだけで遠くのバスに気づかせるパワーがあるからだ。

　また、概してそういうスポットでは群れを形成していることが多いんだけど、ライトリグを入れてしまうと先に小バスが食ってしまい、釣りたかったデカバスに警戒されることも。

　まずビッグベイトから入ることで、群れのなかの最大クラスから反応させるというアプローチも可能になる。

　もうひとつビッグベイトを活用したいのは低水温期。ぶっちゃけ真冬だ。

　このシチュエーションで光るのが「スローに動かしてもバスの興味を引き続けられる」という、このルアーの特性。デカい魚ほど冬でもディープに落ちず、メインレイク沿いのカバーまわりなどに残っている。そういう個体に対し、バスの目線の少し上を通すイメージで、ゆっくり焦らしながらアピールしてやる。

　ワカサギレイクのように小さなエサばかり食っているフィールドもあるが、普通は「大きいエサを、なるべく少ない回数で、効率的に捕食したい」というのが冬のデカバスの行動パターンだから、ボリュームのあるルアーを使うのは理に適っていると言えるのだ。

ルーティン脱却のONE MOREチョイス
キャロライナリグ
CAROLINA RIG

どんなルアーか？ シンカーとワームが常に離れた状態になるよう設計されたリグ。リーダーの長さやワームの種類で多彩なバリエーションが作れる。

特殊なリグの構造とメリット

　ソフトベイトを使う仕掛けのなかでも、キャロライナリグはセットするのに時間が掛かるもののひとつ。面倒くさがって使わないというアングラーもいるだろうが、それはもったいない。このリグにしかできないことが、たしかに存在するからだ。

　第一のメリットは、ボトムの変化を感知しやすいこと。「ここ、釣れそうだな」が手に取るようにわかるのだ。

シンカーとワームを離すことでさまざまなメリットを生むキャロライナリグ。ワームの種類を選ばないのもポイント

　最新鋭の魚探で地形変化を丸裸にしても、ボトムを探ったときにあやふやな感触しか伝わってこなければ、どういうスポットに自分のルアーが入っているのか把握しづらい。

　その点、キャロライナリグはシンカー単体が「点」でボトムと接する構造なので、その場所が硬いのか柔らかいのか、慣れてくれば「砂か泥か粘土質か」といった微妙な違いまで判別できるようになる。

　それだけならダウンショットでもいいが、キャロはどれだけシンカーが重くてもワームのアクションに悪影響を与えにくいから、ねらう水深が深かったり、荒れていてボトムが取りづらいときに対応しやすい。

アメリカではディープ攻略用のリグとして普及しているが、ときにはキャロをシャローで使うのも面白い

　シンカーとワームが離れているキャロライナリグだからこそ「1オンスシンカーに2インチワーム」といった極端な取り合わせも可能になるわけだ。

　そのほか、深いレンジでもノーシンカー状態にしやすい、同じウエイトでもフワッとウイードに乗せられる、食ったときにハリ先が出やすくてフックアップ率が上がる、といった長所がある。

キャロに向くシチュエーション

キャロライナリグは遠投性能にも優れている。ゆえに、オープンウォーターでブン投げて広範囲をズルズル、ディープをサーチするといったイメージを持たれがちな釣りでもある。

しかし実際には近距離やシャローで使うこともある。たとえば浅いサンドバーが広がるエリアで、巻きモノやトップでは反応してくれないとき、ピンポイントが絞れなければキャロで広く探るのも有効な手段のひとつ。

ボトムが人工的に掘られた浚渫エリアでは、フラットだけでなくブレイクに沿ってタイトに落とすために使う。これはピンスポットをノーシンカー状態で釣るためにヘビキャロを選ぶケースだ。

カバーの中を除けばキャロライナリグを使えないシチュエーションのほうが少ない。かなり汎用性の高いリグなのだ。

もうひとつ紹介しておきたいのは「ラインの気配を消す」という効果が生まれること。

普通、ワームを使うリグの大半はロッドティップからルアーまでが一直線に繋がっている。これを操作しようとすると、ボトムからアングラーまで、張ったラインが水中を斜めに走る状

見えバスを釣るのにキャロ？ と思われるかもしれないが、ラインの気配を消すという点でこのリグはかなり優秀。小さなワームでも遠投できるし、強風でラインがあおられてもリグが流されづらい

◎ベイトタックル用のセッティング例

シンカー14g〜　　ライン約14ポンド

ドライブシャッド4インチ
ドライブスティック6インチ

◎スピニングタックル用のセッティング例

シンカー2.6〜7g　　ライン約4ポンド

5〜7gのシンカーに8ポンドくらいのラインを使うベイトフィネススタイルもある

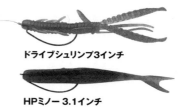
ドライブシュリンプ3インチ
HPミノー3.1インチ

態になり、その存在感がバスに見切られるケースがあるのだ。

　ところがキャロライナリグはシンカーが強制的にラインをボトムに沈めてくれる。ラインの気配や水切り音がバスに警戒されづらくなるわけだ。

　この効果を利用し、シャローのサイトフィッシングであえてキャロを使う手もある。普通はライトリグのほうが釣れそうに思えるが、あえてキャロを使ってボトムに放置。ラインを沈めながらアプローチすると、バスの反応が劇的に変わることがある。

　アメリカでFLWのトーナメントに出ていたときのこと。ウイードエリアで、バックシートのアングラーに完全に釣り負けたことがあった。

　ボクが投げていたのは1/2オンスのキャロライナリグ。一方、後ろの彼も似たようなリグだったけど、重たい1オンスシンカーに突起の少ないチューブワームを組み合わせていた。ウイードのなかにしっかりリグが入るから、奥に潜り込んだグッドサイズばかりが反応した。

　日本人的な感覚だと、他人より釣ろうとしたときに「より軽いウエイト、より細いライン」という発想になりがち。でも大切なのは「バスがいる場所にルアーを通す」ってことなんだ。

　ウイードエリアにかぎらず、軽くしすぎたことでバスの目の前から遠ざかってしまうこともある。リグが岩盤の溝に入っていかないとか、バンクの角度に沿って落せずに浮いてしまい、ボトムのバスが反応しないというケースは多々あるはず。ワームを小さくしすぎて気づかれない、なんてケースにも要注意だ。

ベイトとスピニングのバリエーション

いろんなワームが使えるリグだが、ここではベイト／スピニングタックルに分けて代表的なセッティングを紹介しておこう。

14g以上のシンカーを使う場合はベイトタックルを選ぶ。「ヘビキャロ」と呼ぶことも多い。

ラインは14～16ポンド。離れたポジションから的確にアワセを効かせるにはこのくらいの太さが最低限ほしい。

ボトムのちょっとした変化を探すときはロッドを横方向のストロークで引く。一度に長い距離を引けるし疲れない。グリップエンドを脇に挟むと安定してズル引きしやすい。ダートアクションを出すときも横で

リーダーも14ポンドが基本で、長さは平均で80cmほど。ワームを浮かせ気味にしたり、ウイードの上にフワッと乗せたいときは1mぐらいに長くしてもいいが、7フィート以上のロッドでないとキャストしづらくなる。逆に、シンカーをホップさせてダートアクションをねらうときは60cmぐらいまで短くすることも。

「ライトキャロ」はスピニングタックルを使う場合の呼称。4ポンドラインを巻いた場合、使うシンカーウエイトは2.6～7g。リーダーも同じ4ポンドでいいだろう。

リーダーの長さは40～80cmが目安。ボクは6フィート6インチくらいのロッドを使うことが多い。縦のロッドワークでスーッと持ち上げてフォールで食わせるときは、リーダーも長めにして落とすストロークを確保する。

シャッドテール系を泳がせたり、大きくリフトしてフォールアクションを生かしたいときは縦のストロークで、シンカーをしっかり持ち上げるようにする

ワームの種類はp124で紹介しているものを参考に。ここには挙げなかったが、ドライブクローなどは引いてもクルクル回転しづらいのでキャロに向いている。

なお、根掛かりが多発する場合はリーダーをワンランク細くしてもいいが、それよりむしろ「太くする」のがトーナメンター的な思考。ワームが呑まれても歯でラインブレイクしづらいし、万が一カバーに突っ込まれても耐えられることを想定したセッティングだ。

I字系ルアー

ルーティン脱却のONE MOREチョイス

I JI KEI LURE

どんなルアーか？ リトリーブしても振動したりテールをスイングしたりせず、「スーッ」とノーアクションで動くタイプのルアー。

スライダーワームはI字系だった!?

またまた古い話で恐縮だが、かれこれ25年以上前、誰もがまっさきに投げるリグの代表格がスプリットショットだった。

ワームはもちろんゲーリー4インチグラブ。フォール中も、ボトムに着いてズル引きするあいだもピロピロとテールがよく動いて、本当によく釣れた。

同じ場所で何尾も連続で釣っていると、さすがにプレッシャーが掛かるのだろう、バイトが遠くなる。そんなとき、次の一手は決まってスライダーワームだった。

知らないヒトのために説明すると、このワームはいわゆるストレート系で、ただし現在よく使われているようなアイテムに比べると素材も硬く、あまり繊細なアクションをするタイプではない。

そんなスライダーをグラブの代わりにセットすると、すぐにまたバイトが復活。このふたつの組み合わせでずいぶん楽しませてもらった。

ここで注目してほしいのはスプリットショットリグではなく「スライダー」のほう。実はこれ、現在の知識をベースに振り返ってみると、ストレートワームというよりも「I字系」だったのではないか、というのがボクの考えだ。

引っぱると「スーッ」と動くだけで、たいして釣れそうな動きはしていない。グラブのテールのほうがよっぽど美味しそう。なのに

スライダーが釣れたのは、ハデな動きを見破るようになったバスでさえバイトに持ち込む力があったから、ではないだろうか。

現在、I字系ルアーに分類される多くのアイテムも、やはり威力を発揮するのは「バスがそれほど活発ではなく、ルアーをすぐには襲わないとき。動きすぎるルアーではすぐに見切られてしまうとき」というケースが多い。

そんなふうに考えると、I字系はけっして新しいテクニックではないことが飲み込めるはずだ。

表層で使うので目立つカラーは操作性がいい。見切られるときはナチュラル系に

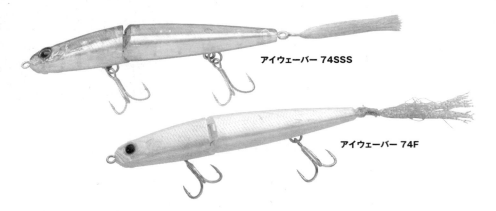

アイウェーバー 74SSS

アイウェーバー 74F

I字系ルアーを使う条件

表層直下もしくは水面で、ルアーを漂わせながらじっくりゆっくり引く、というのがI字系ルアーの基本的な使い方。したがって、出しどころをわきまえていないと単に釣りのテンポがスローになるだけで、魚を見つけ出すのが遅れる危険性もはらんでいる。

いちばんシンプルなねらいどころは「一級のカバーまわり」。ハイシーズンであれば普通にジグやテキサスなどで撃ってもいいけれど、冬から早春にかけてはI字系ルアーでじっくり丁寧に焦らすほうが反応を得やすい。

たとえば傾斜の急なバンクに倒れこんだレイダウン。枝ぶりが水深4～5mくらいまで入っていれば、冬のデカバスの越冬場になったり、プリスポーンの個体が見え隠れする好スポットになるだろう。

条件のいい場所にある超一級のカバー。低水温期にI字系ルアーでじっくり探りたいスポットのひとつだ

I字系を多用する早春の例を考えてみよう。水温が上昇するタイミングでは、スポーニングやフィーディングを意識した個体がシャローに差してくる。ストラクチャーなど見えるものにI字系でアプローチしていく。

一方で、冷えた日には一段下のスポットに落ちることが多い。この場合はブレイク上にI字系ルアーを通し、深いレンジからバスを湧かせるアプローチを試みよう。

そんな場所で、水面下50cm前後をジワジワとアイウェーバーでトレースすると、バスが見えない水深から浮上してきて……バイト！　というケースも珍しくない。

要するに、横方向に引っぱって広く探るのではなく、「ここぞ！」というピンスポットを丁寧に釣るためのルアー、というイメージを持つほうが正解だ。

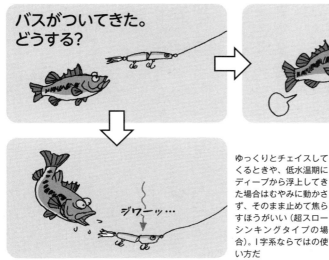

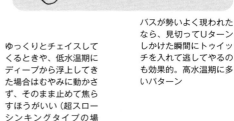

バスが勢いよく現われたなら、見切ってUターンしかけた瞬間にトゥイッチを入れて逃してやるのも効果的。高水温期に多いパターン

ゆっくりとチェイスしてくるときや、低水温期にディープから浮上してきた場合はむやみに動かさず、そのまま止めて焦らすほうがいい（超スローシンキングタイプの場合）。I字系ならではの使い方だ

アピール力はバスルアーのなかでも最小クラス。それでも状況とマッチしていれば遠くにいたバスを視覚的に引き寄せることもできるという、不思議なパワーを秘めたアイテムが「I字系」だ

出番があるのは低水温期だけではない。夏場だったらちょっとしたシェード＋カバーに投げてみたり、バックウォーターの浅瀬でドリフトさせることもよくある。ワームに比べてフッキングがよく、ロングキャストしてもズレたりしないから、オープンで広いエリアではなにげに使い勝手がいい。

なお、I字系ルアー全般の弱点はマッディウォーター。春でもハイシーズン中でも、濁ったらパワーのあるルアーを力強くブリブリ動かしてやったほうが、素直な反応が得られるはずだ。

夏のバックウォーター域。フローティングモデルのI字系を使ってドリフトでアプローチしよう

アイウェーバーにはF（フローティング）とSSS（スーパースローシンキング）の2タイプがある。初夏から秋口にかけて多用するのはF。下手に沈めるより水面を引いたほうが見切られづらい。低水温期なら朝はまずSSSでスタートし、サスペンド状態でじっくり焦らして釣っていくが、水温が上がってきたらFで水面を流すほうがドン！　と出ることも

ソフトベイトの「I字」セッティング

ワームを使ったI字系のメリットは、なんといってもチェイスした魚をバイトさせる確率の高さだろう。バスがジワーッと追ってきてルアーとにらめっこ状態になったとき、やはりハードベイトのほうが見切られてしまいやすいのだ。

ただし、素材の柔らかさゆえにアイウェーバーなどと比べて集魚効果が劣るのもたしか。また、フックのセット方法などに気を遣わないとクルクル回転してしまったり、ボディーが妙にロールしてI字のアクションが出せないこともあるので注意が

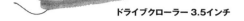
ドライブクローラー 4.5インチ

ドライブクローラー 3.5インチ

HPミノー 3.1インチ

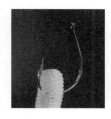
マスバリはいったんチョン掛けしたあと、ハリ先を薄く引っ掛けるようにするとズレにくい

必要だ。

　ボクが多用するのはドライブクローラーの3.5＆4.5インチ。マスバリにチョン掛けしてやると、引いたときもフォールさせたときも、きれいな水平姿勢を保ってくれる。スーパークリアで頭のいいバスが多いことで有名な七色ダムでも、このセッティングは実績がある。

　HPミノー 3.1インチは素材自体の比重が軽いので、動きを止めたときにサスペンド状態を作り出しやすい。ドライブクローラーよりもタフな状況に向いていて、バスの鼻先で極限まで焦らし効果をねらいたいときはこっち。見切られかけた瞬間にトゥイッチすると、きれいにダートしてくれるのもポイントだ。

I字系ルアーの挙動はラインの影響を受けやすい。一般的なライトリグと同じ3.5〜4ポンドのフロロカーボンでもいいが、常にたるんだ状態でリトリーブするため、スプールにきちっと巻けずトラブルが起こりやすい。4.5ポンドくらいのナイロンラインもオススメ。ただしフロロよりもレンジは浅くなる。飛距離を優先するなら0.6号のPEライン＋4〜5ポンドリーダーというセッティングもアリだが、横風や逆風に弱い

誰もがチェックするような大場所で、どんなアプローチをしてもバイトがもらえないときの最終兵器が「I字系の超デッドスローリトリーブ」。たとえばアイウェーバー 74SSSで水面下1mを引くのはかなりかったるい釣りだが、さらにレンジを下げ、水深2mを通すつもりでやってみる。そんなアプローチをするアングラーは皆無だろうから、ほかを圧倒する釣果に繋がることがある

ガストネード110S

I字形ルアーの派生形といえるのが「シンキングプロップベイト」。薄く繊細なペラが高速で回転するクリア向けのアイテム

ルーティン脱却のONE MOREチョイス
メタル系ルアー
METAL LURES

どんなルアーか？ 金属の塊でできているルアー。コンパクトで重くなるので、すばやくディープまで落としたりメリハリのあるアクションを設計しやすい。

ジャパニーズ・メタルの真打ち

「冬にメタルバイブをシャクる」という釣りはすっかり全国区になった。メタル系ルアーのなかで近年もっとも多用されているのがこのジャンルだろう。

一方、アメリカではこういうパターンはほとんど普及していない。ヘドンのソナーなどメタルバイブ的なルアーも昔からあるにはあるが、バイブレーションより深いレンジを巻きやすいアイテムという位置づけ。

なぜ日本ではメタルバイブのリフト＆フォールがここまで広まったのだろうか？

ひとつめの要因は、小規模なフィールドが多いからではないかと思う。ピンスポットをタイトに攻めやすいルアーが重宝さ

メタルバイブを小刻みにシャクる。ここ10年ですっかり冬のパターンとして定着した釣りだ。各種メタルルアーのなかで日本のフィールドにマッチしていることを実績の多さが証明している

オーバーライド

メタルバイブの大半は全長4cm程度。小型のベイトフィッシュとリンクさせやすいボリューム感だ

れるなかで、メタルバイブは移動距離を抑えて何度もアクションさせることができるからだ。

　捕食しているエサとの関係もある。ビッグスプーンのようにシルエットの大きなルアーより、ハゼやゴリ、エビに近いサイズ感のメタルバイブのほうが自然に口を使いやすいはず。

　そしてなにより、代替の効かないアクションであることが最大の理由だ。

　引けば「ブルブルッ」と小気味よく動き、同時にキラキラとフラッシングを発生。テンションを緩めるとイレギュラーなスライドフォール（オーバーライドは特にこのアクションが秀逸）。

　複合的アクションによるリアクション効果をねらえるルアーという点で、実は唯一無二の存在だったりするのだ。

オカッパリでも使えるメタルバイブ

　メタル系ルアーの多くは沈んで根掛かりしやすいので、普通はあまりオカッパリで使われるアイテムではない。

　しかしそのハードルを超えたのがメタルバイブ。ダブルフックでハリ先を上向きにセットすればボトムでも引っかかりづらいし、ロッドでリフトすればブルブルと振動しながら浮き上がってくれてスタックの危険が減らせる。

　バイブレーションのようにウイードやスタンプに絡めつつ巻いてもいいし、小粒ながら抜群の遠投性能があるので野池や河川で広範囲をカバーできる、というわけだ。

プレッシャーの高い関東では5g、それ以外のフィールドでは7gがウエイト選びの軸になるだろう。最近は3.5gがラインナップされることも増えた

メタルバイブの重さとレンジ

さて、メタルバイブを選ぶうえでまず考えたいのはウエイトだ。ねらうレンジが浅ければ軽く、深ければ重くするのがベーシック。例外もあるが、まずは効率を重視してウエイトを選択する。

関東圏のリザーバーをベースに考えると、ベイトタックルで使ういちばん軽いウエイトは５g。ボクならこのウエイトで水深５〜６mまでカバーする。特にバスが宙層に浮いているときは、大きくリフトしてゆっくり落としたいので軽いウエイトが有利だ。

７gになると水深８m前後がメイン。津久井湖の冬など、水深15〜20mが有効レンジになるなら11〜14gへと重くしていく。あるいは細めのラインやＰＥを使ってこのレンジでも７gのウエイトを使うことがある。

ただ、これはプレッシャー対策としてできるだけ小粒な（＝軽い）メタルバイブを使いたい、という意図がかなり含まれている。

同じリザーバーでも、近畿以西のフィールドなら比較的プレッシャーが低いので、エサの大きさにもよるが上記よりも１〜２ランク重め（＝大きめ）のウエイトを選んでもいい。

10月初旬のリザーバー。ボトムから１〜２mほど離れたポジションにベイトフィッシュの反応が多く、５gのメタルバイブを大きなストロークのリフト＆フォールで操った（神奈川県・相模湖）

水の透明度が高ければナチュラルカラー、マッディウォーターなら派手なカラーを選ぶのが基本

リフト&フォールのバリエーション

　メタルバイブを宙層で使うケースもあるが、出番が多いのがボトムでのリフト&フォール。まずは基本の使い方をマスターしよう。

　キャストしたらまずはボトムまで落とす。そこからロッドワークを開始するわけだが、夏〜秋のあいだは比較的長いストロークでリフトすることが多い。ボトムべったりではなく、やや浮いたレンジにいる可能性が高いためだ。

　ベイトフィッシュ、あるいはバスがサスペンドしているレンジが魚探で把握できれば、そこを通過するようにコントロールしたい。

　たとえば水深5mボトムの宙層3mに反応が出ていたら、ボトムからロッドいっぱい振りあげて2mくらい持ち上げてやる。

　なお、バスがよほどボトムから離れて浮いていないかぎり、フォール後はいったんルアーを着底させるほうがいい。どのレンジを探っているか明確になるし、追ってきたバスがボトムでバイトするタイミングにもなるからだ。

　冬はできるだけ短いストロークでボトムを小突くのが効果的。20〜30cmぐらいのリフト幅が基本だが、ときには「倒れたメタルバイブをボトムで起こして→また倒す」ぐらいのつもりで、繊細に操作するといい。

　さらにスペシャルな使い方としては、意外に効くのが「ボトムでの放置」。フォール後にしばらく置いておくと、動かしていないのにバスが拾い食いしているケースがあるのだ。

　0.5〜2秒のポーズで次のアクションに入るのが普通のリズム。これで釣れなければ、ときおり5〜10秒ほどのロングポーズを混ぜてみよう。

　なお、こういう釣りはいわゆる「越冬場」でよく使うパターンだが、ただディープフラットを探るだけでなく、隣接するバンクやブレイクの傾斜に沿って落とし込んでいくのも効果的。真冬でも天候や気温に応じてバスはレンジを変えているので、その日の正解に近づきやすくなるのだ。

「1回リフト→フリーフォール→0.5〜2秒ポーズ」の繰り返しが基本。持ち上げる幅によってバイトが変わってくることも多い

ベイトタックルで扱う場合の基本はフロロカーボン8〜10ポンド。細いラインのほうがフォール時のスライド幅も大きくできる。軽いウエイトで深いレンジを探るときはPEラインの0.6〜0.8号を使うとボトムの感知力が向上する

ダブルフックはどうしてもフックアップ率が低いので、掛かりが悪いときはシャンクやゲイプを少し開くチューンを施す

カストマスター

ホプキンス・ショーティー

バーチカルに扱うならジギングスプーンのほうが根掛かりの回収率は高いが、ルアーリトリーバー（根掛かり回収機）はかならず用意しておきたい

ジギングスプーンは「真上」から

　メタルバイブの使い勝手のよさは、引いても落としてもバイトチャンスになるようなアクションが出せるところだった。

　対するジギングスプーンは、いわば何の変哲もない金属片で、シャクっても明確な波動は発生しない。せいぜいフラフラとお尻を振る程度だ。

　バイトの大半はフォール中や着底直後に出るので、リフトは落とすための補助的な動作。ストロークの幅については、メタルバイブの項で説明した内容と同じでいい。

　広範囲からバスを寄せるパワーは備えていないから、ピンスポットを真上からバーチカルに探るのに向いている。どちらかといえばクリアウォーター向きのルアーだ。

　デメリットは、オカッパリなどである程度キャストして使うと根掛かりが多発すること。ただ、ボートであれば障害物にフックが絡んだときの外しやすさはメタルバイブよりジギングスプーンのほうが上。

　ラインを張ったり緩めたりしてやれば、重たいボディーが上下に動いてフックを外す方向に力が働く。メタルバイブは2個のフックが刺さってしまうとロックして回収不能になることも。

　だから混みいったオダや、立ち木が林立するような場所をメタルで攻略したいなら、まずはジギングスプーンを選ぶのがいい。ウエイトがあるほうが根掛かりを外しやすいので、ボクはおもに18gクラスを使うことが多い。

このような泡が出ていれば湧き水のある可能性が高い。越冬場として機能しやすいスポットだ

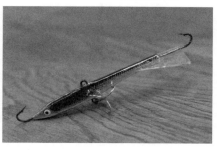

トリッキーなスライドフォールが生まれるアイスジグ。ジギングスプーンの亜種のひとつ

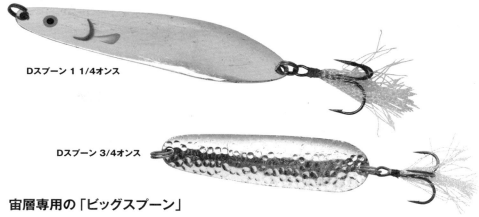

Dスプーン 1 1/4オンス

Dスプーン 3/4オンス

宙層専用の「ビッグスプーン」

このルアーはもともとギザードシャッドと呼ばれるアメリカの大型ベイトフィッシュのマッチ・ザ・ベイトとして生まれた。日本でいうとハスぐらいのボリューム感のあるエサを、沖の宙層でさかんに追い回しているときに使われるアイテムだ。

名前に違わずビッグなシルエットのモデルが多いが、小型のエサが多い日本のフィールドではやや小さめのモデル（Dスプーンなら3/4オンス）のほうがバイト数が増えることも。

ビッグスプーン本来の用途から解説すると、地形や障害物など明確なスポットに投げるというよりも、ねらうのは沖を回遊するバスが群れを作ってベイトフィッシュを捕食するシチュエーション。

むしろ「なんでこんな場所に？」と思えるようなド宙層で、魚探でバスやベイトの反応を確認しながら投入するといい。

リフト＆フォールで使うのはメタルバイブと共通しているが、ストローク幅は長め（1m〜）にすることがほとんどだ。

もうひとつの使い方としては、誰もがチェックするような大場所やビッグストラクチャー（橋脚、桟橋など）へのアプローチ。ライトリグなどでは小バスが食ってしまうが、ビッグスプーンのインパクトでビッグフィッシュを一発で反応させようという、やや裏ワザ的な用法だ。

Inside Toshinari Namiki

予想と現実。

釣行前夜、フィールドのようすを夢想しながらルアーをボックスに詰め込んだが、
現実は厳しく、選んだルアーはことごとく不発……。
バスアングラーなら誰しもこんな経験があるだろう。
「理想と現実」のギャップをどのように埋めるべきか？
ここでは、並木が過去の取材で見せた"アジャスト力"を振り返ってみよう。

SPRING [6月上旬]

予想 並木のイメージは「スポーニングシーズンの後期」。春から夏への移行期間であり、トップウォーター系（ポッパー、ペントミノー、虫ルアー）で表層を釣っていけばある程度の反応が得られるだろうと考えた。チェックすべきエリアはほぼ全域（相模湖）。

現実 冷え込みによりトップウォーターは不発。予想を完全に裏切られたが、水深2〜3mをバックスライド系やタイニークランクで探るとアベレージサイズが反応することを発見。その一方、2尾のビッグフィッシュ（47＆51cm）を手にしたのはサイトフィッシングで、結果的に「表層」というキーワードと合致していた。

SUMMER [9月上旬]

予想 雨が少なかった夏の影響で、大幅に水位が下がった状態のリザーバー（千葉県・亀山湖）。並木はディープのピンスポットにバスが凝縮されるだろうと読んだ。夏の定番であるバックウォーターやインレットにもグッドサイズが残るだろうが、魚影はかなり少なくなっているはず。

現実 釣行前日に雨が降った。ならばフレッシュな水が注ぐエリアが熱い！ということで、予想とは真逆の「バックウォーターやインレット」へ。意外に反応が鈍かったが、水深20cm程度のスーパーシャロー＋マットカバーでフロッグが炸裂。「前夜になんとなく追加した(笑)」というPEタックルが大活躍してくれた。

AUTUMN
[10月上旬]

予想 秋は「バスの家」がコロコロ変わるため、スローダウンしすぎるとパターンを見失う。釣れないからといってライトリグに手を出すのではなく、スピーディーな展開でヒントを探すべき。水深4mあたりまではディープクランクやスピナーベイト、フットボールジグで。それより深いレンジはメタルバイブがてっとり早い（相模湖）。

現実 水温は低下傾向の20℃、クリアアップ、カレントなし、晴天無風で放射冷却。ワカサギは多すぎて手がかりにならず。ネガティブな要素が揃うなか、相模湖下流域の有名場所をランガンしたことで魚影の濃いエリアを発見。予想どおりメタルバイブがハマったが、5ｇだとバイトが増えることをローテーションのなかで発見していった。

WINTER
[2月上旬]

ディープの方が一匹は、やや釣り易いだろうが
シャローならば 釣れたら確実にデカい!!
いずれにせよ、この時期の一匹は、とても価値がある。

予想 文句なしの真冬である。「とにかく1尾」なら水が安定するディープ。日影になる時間の長い南岸のほうが安定感アリ。メタルやダウンショットリグのほかにキャロライナリグも効く。「シャローでビッグフィッシュを！」と考えるなら、スローに漂わせられるI字系やスイムベイトも準備したい（相模湖）。

現実 前日に気温が急上昇した余波に期待して、朝は上流のシャローを探ったが不発。その後、安定感を求めた本湖ディープでもまさかのノーバイト。あらゆる手を尽くした9時間後、午後に入り直した上流域でビッグバイト！ 岩盤沿いのごく薄い浮きゴミを3.5ｇのスモラバで撃って49㎝をキャッチした。1℃にも満たない水温上昇に気づきらいを絞ったことで「フィネス」が生きた。

Inside Toshinari Namiki

「ビッグベイト＝ビッグバス」とは限らない？

——これまで並木さんの釣りに何度も同行させてもらっていますが、ビッグベイトを投げるところはほとんど見たことがありません。

並木 そうかもしれない。最近だとマグナムクランクぐらいかな。

——大きいサイズのルアーは必要としていない？

並木 そんなことはないよ。ただ、普段はプレッシャーの高いフィールドを釣ることが多いから、どうしてもトーナメント的なセレクトになる。ビッグベイトでデカバスを1日1発反応させればOK、というスタイルでもないからね。

——とは言いながら、けっこうな確率でビッグサイズを釣ってますよ。

並木 伊達に30年以上やってませんから（笑）。デカいルアーだからデカバスを選んで釣れる、というケースもたしかにある。でも、最良のスポットにジャストなタイミングでアプローチできれば、レギュラーサイズのルアーのほうが高確率で口を開いてくれることも多いんだ。フッキングもビッグベイトに比べれば良好だしね。

——みんなそう考えてレギュラーサイズや小型のルアーを選びますけど、並木さんほど頻繁にはビッグフィッシュに出会えませんよ。

並木 そういう魚が釣れるのは、アベレージサイズがたくさん釣れる場所とは違うことも多いからね。その日の「大型バスの居場所」を的確に絞れたら、ルアーが小さくてもいい、むしろ小さいほうがいいと思う。だけどみんなそこにたどり着く前に、とにかくコンパクトにして食わせる方向に走りがちなんじゃないかな？

——つまり、正解が見えていればルアーは小さくてもいいけれど……。

並木 状況がわからなかったり、経験値や情報の少ない人ほど大きなルアーを使う意味がある。だって、そんなときはどこにルアーを投げていいかもわからないだろうから。ルアーにパワーがあれば、ざっくりキャストしているだけでもバスを引きつけてくれる。つまりアングラーに足りない部分を補ってくれるわけだ。

紀伊半島・七色ダムでキャッチした59cm。大岩の点在するバックウォーター、しかも透明度の高い水域で、根掛かりを回避しつつ速巻きするために「タイニーブリッツDR」を選んだ

――並木さんの古いボックスのなかに、歯型だらけのカッコいいルアーがありました。

並木 ボーマーのモデルAだね。1/2オンスクラスの「7A」というヤツ。アメリカのトーナメントに初参戦していた1990年代はこれと、ひとまわり小さい「6A」をよく使ってたんだ。

――往年の名作ってことですか。

並木 今でも充分に現役だと思うよ。このルアー、どういうアクションをするかわかる？

――えーと……いかにもアメリカン！って感じの雰囲気なので、濁りに効きそうなブリブリのワイドアクション。

並木 違うんだよな〜。こういうミドルダイバーのなかではけっこうタイトな動きをする。だから、実はクリアウォータ

Inside Toshinari Namiki

名作ルアーを使い倒してわかること

モデル7A（ボーマー）

一気味のフィールドで出番があるんだよ。そういうときはラパラのシャッドラップもよく使ってたんだけど、バルサ製で軽いから飛距離が出ない。そんなとき、動きの強いクランクと弱いシャッドの中間的なアイテムとして、モデルAの出番なんだ。

──丸っこいボディーだし、リップも分厚いので、まさかそんなタイプのルアーだとは思いませんでした。塗装も作りも、並木さんの作るルアーに比べると大味なので（笑）。

並木 たとえばリーフ状になったリップ、これにもちゃんと理由があって。小石や岩が転がっているボトムを小突きながら探っていくのにとても都合がいい。春、プリスポーンの魚がステージングするようなスポットでよく釣れる。

──見た目じゃわからないものですね。O.S.Pルアーを愛用しているアングラーは、意外とこういうアメリカンルアーに先入観があるかもしれません。

並木 スーパースプークやウイグルワートのように、今でも最前線で使われる"名作"にはそれなりの理由があるんだ。今でこそボクはルアーを作ってるけど、それまでに無数の"名作"と呼ばれるルアーを投げ倒してきた。だからこそ、特定の状況でどういうルアーが効くのかが見えてくる。"名作"をひととおり使ってみることで、バスという魚の理解を深めることができると思うよ。

著者プロフィール

並木敏成（なみき・としなり）

1966年神奈川県生まれ。東京水産大学で魚類学を専攻、その後はJBトーナメントでビッグタイトルをのきなみ獲得。1995年に渡米しB.A.S.S.参戦、初年度でトップカテゴリーへの昇格を果たす。翌年には外国人初のバスマスタークラシック出場。2000年にルアーメーカー「O.S.P（オスプレイ・スピリチュアル・パフォーマー）」を立ち上げ、ハイピッチャーやブリッツなど数々の名作を発表。横アイの採用や外殻のハニカム構造化など、物理的見地に基づいたアイデアをルアー作りの世界に多数持ち込んだ。2003〜2006年に再び渡米すると、FLWツアーで年間ランキング2位、チャンピオンシップ出場の快挙を果たす。2018年現在、再びアメリカのトーナメントに挑戦中。

並木敏成のThis isバスルアー
18ジャンルの使いこなしマニュアル

2018年10月1日発行

著 者　並木敏成
発行者　山根和明
発行所　株式会社つり人社
　　　　〒101-8408　東京都千代田区神田神保町1-30-13
　　　　TEL 03-3294-0781（営業部）
　　　　TEL 03-3294-0766（編集部）

印刷・製本　図書印刷株式会社

乱丁、落丁などありましたらお取り替えいたします。
©Toshinari Namiki 2018. Printed in Japan
ISBN978-4-86447-325-5 C2075

つり人社ホームページ　　https://tsuribito.co.jp/
site B（サイト・ビー）　　https://basser.tsuribito.co.jp/
釣り人道具店　　　　　　https://tsuribito-dougu.com/

本書の内容の一部、あるいは全部を無断で複写、複製（コピー・スキャン）することは、法律で認められた場合を除き、著作者（編者）および出版社の権利の侵害になりますので、必要な場合は、あらかじめ小社あて許諾を求めてください。